U0909227

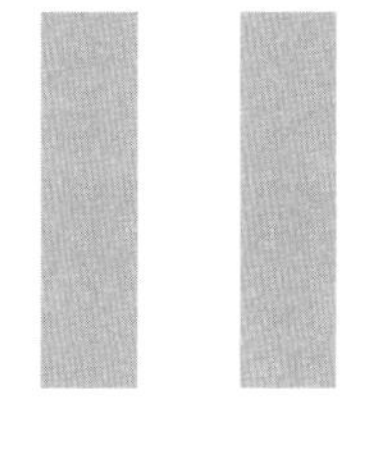

法律人思维与写作

赵宏 著

法律人快速成长“神器”，我选择写作！

倘若有人问，法律人如何实现“快速成长”？我的答案是，“写作”。

写作真这么神奇吗？不妨先来问个也许司空见惯的问题：什么是写作？

以我有限的阅读范围，关于写作，最大的启发来自《心智探奇》的作者，当代伟大思想家、世界顶尖语言学家和认知心理学家史蒂芬·平克，他说写作是“将网状的思想，通过树状的结构，用线性的文字展开”。解释一下这句话的奥妙：不知你是否有过这样的体验，关于某个问题突然有了一些特别的思考，顿时胸中似有千言万语想要倾吐，但当你想落在纸面的时候，却发觉散乱不成文。这就是“网状的思想”，可能来自平日所阅所思所感，种种片羽灵光，这是素材，但不成文章。然后，你为了将这些散乱的灵感成文，开始思考如何组装，通常我们会说要理一条主线，按一定的逻辑，按一定的体系来理，理完之后，会出现一个提纲。所谓提纲挈领，纲举目张，就成了“结构”，这就是“树状的结构”，有一个粗壮的主干，有分枝和枝丫。那散乱的思考立正，看齐，稍息，开始列队整齐起来。这时候文章还没写成，一个提纲光秃秃的没血没肉，你需要用或干净利落，或丰富带感的文字让树长出叶子和果实。于是写作最终落实在了“线性展开的文字”上。

发现了吗？写作是一个高强度输出的过程，把散乱的思考结构化，形成一个“知识晶体”，然后落实在文字上，能理解、可传播。那么，输出来自哪里？来自“输入”。首先，好的输出必须摄入大量资料，假若写一篇关于法律新媒体如何运营的文章，我想你一定不会马上落笔，而是检索各类前人写过的文章，分门别类整理出来，这时基于资料的掌握让你对这个问题有了新的认识；其次，你会根据自己的实践和思考，重新整理思路，理出一个自圆其说的逻辑；最后，你胸中有成竹，下笔如有神。这是一个获取材料、整理材料、加工材料、内化为我的过程，如果给这个过程加个定义，这就是“学习”，而且是有目的的、高强度的学习。

不断聚焦某个领域的高强度学习，会加深对规律性问题的认识，长期刻意练习形成的深刻认识，我想就可以称之为“思维”。“思维”有什么用呢？这就是元技能，更为根本的、更为深入的、更不易改变的知识。现在，我们大学里学过的大多数知识都已经“过时”了，《民法典》颁布后，不少法律人感慨“专业选的好，年年是高考”，因为原来学习过的那些知识点变了。思维管长远，比如我刚工作时，苹果手机刚刚出现，移动互联网时代还未到来，作为一个法律人，我无法预见电商平台和外卖小哥发生矛盾，法律应该如何评价。当这一天真的到来，我学过的知识点或许没用了，但法律思维、法律逻辑并没有改变，如何找到法律，以及如何进行价值平衡的底层规律仍然是解题的钥匙。

如果说阿基米德撬动地球的工具是杠杆，那么撬动法律人成长的工具之一是“写作”。正因此，赵宏《法律人思维与写作》一书请我做一评荐，我很感荣幸。一来，我们的理念不谋而合，记得与赵宏的相识便是因为她关注到了我所运营的微信公众号“庭前独角兽”，在这里发现了很多有趣而优秀的法律作者，而我关注到了她关于法律思维和写作的研究，她所倡导的法律写作“提问法”、法律人知识管理、法律写作校对等都在我们的公众号上做过推荐。在我看来，写作是重要的输出技能，一个以原创和提供价值为己任的平台，写作比流量更重要的意义在于帮助法律人找到“写作—获得关注—获得成就感—继续写作”的成长正循环。

二来，这部书很有意义。法律思维与法律写作，道出了法律人写作的本质与路径，而之前，很少有人对于方法论做过这样体系完整的研究。作为以媒体、传播为本职的法律人，法院新媒体的主编和运营人，写稿审稿校稿乃是日常，眼见很多作者因写作而成长成才，声名大噪，也见一些文章文理不通，佶屈聱牙，作者欲说其事而不得法。我们喜欢把写作当作天赋和灵感的产物，“文章千古事，佳句偶得之”。其实不然，文章中确有天才的神来之笔，但更多的可以通过练习来“打怪升级”。譬如，作家会刻意练习关于人物的素描，用寥寥数笔，将一个人的形象描写得活灵活现。技能本身有其规律，也是一门学问，现在赵宏已经用一己之力，帮大家系统地整理出来了，比如通过“提问”来找到好的选题，通过心理建设、Deadline（最后期限）的设定提高生产力等，都有方法可循。还有，譬如像如何给文章取一个好标题，如果你正在为你刚写就的新媒体推文如何获得更多关注抓耳挠腮，这是你马上就能够用得上的方法。这些你正在碰到，或将会碰到的问题，书中都提供了参考答案。

赵宏的书并没有仅仅就写作而谈写作，而是将写作与法律人的职业成长、个人品牌塑造、影响力建设都联系起来，这是一个很具有时代感，具有行业使命感的视角，既有“术”的普及，也有“道”的探讨。

你有没有准备好写作并长期坚持呢？写作可是法律人安身立命的技能，我们要像撸铁增肌健身一样来不断练习。你的教练已经就位，赶紧加入吧。

李则立

上海市高级人民法院法治宣传处（新闻中心）处长

2022 年 5 月

就说说序言吧

关于序言的写作，在辅导作者的过程中我出过太多主意了，到自己的书，既然书是关于写作的，要不索性就写一写序言的写作吧！

序言、叙言、绪言、绪论、前言、引言、导言，不说还没注意，当把这些“术语”同时列在这里时，我想，大多数读者都有点困惑，这些到底都意味着什么，有什么不同，我们到底需要什么。

首先，就性质和功能来说，这些是正文前的短文，都是辅文。其中，叙言同序言，一般用序言（《现代汉语词典》中序言是首选词）。绪言、绪论、前言、引言、导言，一般都是用于说明全书主旨和内容，绪言、绪论更多用在学术著作中。而且为了表示尊重，他序一般会放在自序前面。

其次，序言可以由作者自己撰写，也可以邀人撰写，有自序和他序之分。其他各种一般都由作者自己撰写。因序言涉及他人，比起其他各种，意味更丰富一些。

博尔赫斯说：“至今尚未有人就序言提出一种理论。没有理论，倒也不用伤心，因为大家都知道这是怎么回事。在微弱多数的情况下，序言近似于酒后的致辞或者葬礼的悼词。”这个比喻非常生动，也道出大多数序言的套路和真相。大多数情况下，序言的作用在于锦上添花，在于引导读者产生阅读兴趣。

每当作者跟我征求意见，要不要邀人作序时，我都不会直接建议邀还是不邀，而是告诉作者作序的本质是请人捧场，根据自己的具体情况来决定。等到作者认真考虑后，决定了要邀人作序，再问我邀谁合适时，我就会建议，要邀请那种能把您的书夸得自然、夸得真诚、夸得恰如其分的人。

一般认为，邀人作序当是名人。名人，或德高望重，或位高权重。自带权威的名人，对图书内容的认可和推荐，更有分量，更有说服力。然而，现实情况中，一是并非每个作者都认识名人，或者即使认识，也没到适合邀请捧场的地步。二是名人都特别忙，能够应允作序，读了稿件，并亲笔来写，简直难上加难。所以，有些名人写的序，常常是作者自己草拟，名人过目认可后冠名，体现的多是对作者的支持和信任。三是作者和名人往往不具有平等对话权，名人没空亲笔写序，作者自拟，能得到名人的名，得不到名人的文，而当名人真的提笔亲自作序时，也可能出现尴尬场面。

曾读过某本书，知名大咖作序，序言隐隐地说，这书水平不太行。前文引用博尔赫斯的话，接下来说的是序言“不负责任地极尽夸张之能事，读之令人怀疑，但又认为此乃该类文字之惯常做法”。虽然一般如此，但有些名人耿直，既然你邀我作序，我不太看得上你的文章，就直言不讳了。实际上，文章尽管没那么好，对于某些读者还是有价值的，但是开篇那么一写，就有点令作者怀疑人生了。

我还见过作者请一位领导写序，序请来了，说领导非常重视，亲笔写的，却是一篇该领导所在平台的“硬广”，关于作者和作者的书一笔带过，通篇是自己的功绩和自己平台的重要性。领导可能觉得亲笔作序已经给作者巨大面子，而作者则内心委屈领导有点喧宾夺主，表面上还得虔诚致谢。

所以，如果与所邀作序人没有平等对话权，就序言写作内容不能沟通，那这事儿还可能会变成一场冒险。

此外，不管多有名，不加上介绍，仍常有很多读者不认识。从这个角度，作者如果不能邀到名人，也不必太遗憾，可以邀请确实能把序言写得漂亮的人，比如了解作者的、有才有趣的、擅长写作的人，追求序言本身的可读性，也是给图书锦上添花。作为读者，我最喜欢这种序言。退一步，“求人不如求己”，作者完全可以自己写序，或者选用某篇文章作为序，所谓“代序”。

序言如何写？一般情况下，推荐序着墨于作者介绍、作品分析与价值评判，以及就某些问题的深入探讨等。作者自己写的序叫自序，内容一般是创作意图和过程、基本内容、读者对象、资料来源、主要特点、存在问题与创作中所获得的帮助等。

序言的风格，以“有可读性”为上。毕竟序言是绝大多数读者最先读到的内容，所以序言中如果能分享一些小故事就更好了，可以令读者印象深刻，并感受到作品背后活生生的作者，内容也变得更有温度。就篇幅来说，序言一般不宜过长，1000—2000字比较合适，最好不超过3000字。

当然，序言的写作有套路，也可以反套路，总的来说，要为读者提供价值，且与本书有一定关联。

相对于一本书的篇幅，序言只是一篇短文，读者很容易快速翻过，其实，若是眼尖一些，心细一些，通过一篇序言能获得更多的阅读趣味和收获。比如，看序言夸的是作者还是内容；比如，分析一下作者的社交关系，了解不同的圈子；比如，观察一下作序人的评价角度，再结合自己的评价角度来看，有什么启发。

写到这里，我猜很多读者要翻回去重读李则立老师的序了，在此特别感谢李则立老师！

我和李则立老师还未曾谋面，因文章上的往来，我对他很尊敬和信任，怀着忐忑之情提出了推荐请求，李老师爽快地一口答应，不但推荐序比我自序写得快，而且李老师特别谦虚地表示，需要修改跟他说。当然，李老师的文章如“东家之子”，增之则长，减之则短，没必要做任何改动！

能够出版这本书要感谢的人还有很多。最初，我以笔名写作，没有任何头衔，没有任何身份，没有任何人会因为我是谁而关注和认可我的内容，感谢法律读库、庭前独角兽、最高人民法院司法案例研究院、浙江天平、法学学术前沿、武汉大学环境法研究所、四川省律协、上海律协、法律那些事儿、杜威法律公社、iCourt法秀、新则、熊猫法律星球、智拾网、点睛网、无讼等新媒体平台及老师们，他们的慷慨传播让我对自己的内容增强了信心和写作的动力。

感谢编辑职业的馈赠，感谢刘时山书记、刘波总经理、李洪武副总经理、闫光永副总编、舒丹老师等社领导的栽培和鼓励，感谢带我走进编辑职业，并提议我写这本书的冯雨春女士，感谢本书的责任编辑冯运女士。感谢工作中交流和相助的每一位同事。

感谢每一位合作过的优秀作者，他们拓宽了我的视野，给了我思想的滋养。每一位作者都不是专职的写作者，他们业余笔耕不辍，精品频出，激励我向前不懈怠。

感谢我的师友们，尤其感谢导师王振东老师，一直给我肯定和支持；感谢优秀的作者张巍老师，不仅给我的编辑生涯贡献了畅销书，还给我的写作提供特别多启发；感谢张小凤老师，她一句“你和我很像”，让我敢于斗胆求推荐；感谢高山老师，特别优秀的同行，是我做书的榜样；感谢唐青林律师，不但有智慧，而且笔耕不辍，激励我保持写作；感谢常金光律师，自从听他说我的书很多人有需要后，我就更有动力了；感谢雷磊老师捧场好评，在雷老师面前，我实属班门弄斧，所以更期待他在法律人思维方面的大作。

感谢我的家人，每当有人好奇“你工作那么忙，还有两个娃，怎么还有时间写东西”，不管表面如何回答，我心里都默默地将家人们感谢一遍，感谢为我的小家付出太多的母亲魏树先女士，感谢无条件支持我的丈夫马彬彬先生，感谢活泼可爱、语出惊人，还偶尔会给我灵感的马书百、马书禾小朋友。

最后，有点意外地，感谢赵宏老师，这个不是我自己，当我知道法律圈还有两位赵宏，且都是大咖时，我竟忽然有“偶像包袱”了，希望我这个赵宏出版的书，不辱法律圈另外两位赵宏老师声誉。我也见贤思齐，继续努力！

01 Part

Part 1 写作是法律人的生存技能，也是诗与远方

02 Part

Part 2 思维驱动写作

03 Part

Part 3 法律写作的经验和技巧

04 Part Part 4 法律写作的要素和细节

05 Part

Part 5 法律写作与出版

Part 1

写作是法律人的生存技能，也是诗与远方

法律写作的三观

> 法律写作是法律人的生存技能，也是诗和远方。

什么是法律？在学术研究和讨论中，不同法理学派有不同的回答。但是，在真实的世界中，第一时间想到的是法律法规、合同、判决……更实质一点说，是规范。规范是什么？一般是语言文字和标点符号表达的组合。当我们问苹果在哪里时，可以拿出一个苹果（当然也可能拿出一个手机）；而当我们问法律在哪里时，需要搬来书架上的法典，拿出法院的判决，或者打开人大、政府、官方媒体网站的网页。我们需要从书面的内容中寻找法律。

2020 年 5 月 28 日，第十三届全国人民代表大会第三次会议通过了《中华人民共和国民法典》[①]。新闻发布后，大家翘首以盼新华社受权发布的正式文稿以及正式出版发行的单行本、汇编本等。因为法律并不像具体的物那样能够看得见、摸得着，是语言文字赋予了其可被感知的外在形式，而语言文字的表达离不开写作。

法律写作，这个词很熟悉但是也很陌生。因为专门针对法律写作成体系的研究相对较少，在法学院的课程设置中，似乎也不命名为“法律写作”，一般叫作“法律文书写作”，常常是一门选修课，教材也难称经典，不同版本大都以法律文书介绍为主，大同小异。然而，真实的法律职业中，法律写作却无比

---

① 本书中简称《民法典》，为行文简洁，其他法律一般也省略“中华人民共和国”。

重要，可以说是每个法律人的宿命。务实地说，关乎饭碗，是一种生存技能；务虚地说，关系理想，是法律人的“诗与远方”。

出于偶然，我开始对法律写作这个话题很好奇，并出于兴趣做一些探索。我所讲的法律写作，是最广义上的法律写作，包括法律从业者进行的各种与法律内容、法律事务相关的写作。

法律写作是法律从业者沟通的途径和劳动成果的最终交付方式。法律的研究、探讨、制定、执行、适用，最终总是指向三个词：文件、文书、文章。从广大的法律职业群体到文件、文书、文章，写作则是必由之路。因此，写作对于法律职业来说，如影随形。

在法律写作这个话题流连日久，越发觉得这个话题值得重视，值得研究，因为在任何层面，法律写作都有着非常重要的功能和意义，小到个人兴趣爱好、职业发展，中到行业水平、行业影响，大到国家治理、社会治理。

一、微观上的法律写作：个人能力

从微观上讲，律师写法律意见书、律师函、代理词、辩护词，法官写判决书，学者写学术论文等，这个意义上的法律写作是法律从业者个人思考问题、解决问题能力的体现，是个人职业中业务能力、研究能力的问题。在业余场合，个人出于表达的欲望或兴趣，通过写作分享法律知识，评论热门事件，创作小说、剧本等各种关于法律问题的总结式、评论式、创作式、感悟式写作，是个人才华、爱好或追求的体现。

二、中观上的法律写作：行业水平

从中观上讲，法学学者、律师、法官、检察官、政府管理者中的法治工作者，每个职业的工作要通过起草文件、撰写文书、写作文章，来传达意志、处理问题、交流思想，从法律职业的法律写作成果中感受法学理论研究的水平，理论工作者整体的知识生产能力，立法、司法工作者的职业能力、专业水平，等等。在这个层面上，法律写作折射了法律行业的职业水平和专业程度。

三、宏观上的法律写作：社会文明程度

从宏观上讲，法律写作成果体现国家的法治水平、国家的文化积累和文明程度，并体现出国家的价值输出能力。比如，《民法典》颁布后，中共中央政治局举行第二十次集体学习时，习近平总书记强调，《民法典》在中国特色社会主义法律体系中具有重要地位，是一部固根本、稳预期、利长远的基础性法律，对推进全面依法治国、加快建设社会主义法治国家，对发展社会主义市场经济、巩固社会主义基本经济制度，对坚持以人民为中心的发展思想、依法维护人民权益、推动我国人权事业发展，对推进国家治理体系和治理能力现代化，都具有重大意义。

从以上三个层面来理解法律写作，姑且称之为法律写作的三观。从微观个人角度看是一棵树木，从中观行业角度看是一片森林，而从宏观整个国家角度来看就是一个生态。从不同角度来看，法律写作能够有不同的折射，而且不管从其中哪个层面，法律写作都可以是那个通过撬动实现重大改变的支点。老子曰：“天下难事必作于易，天下大事必作于细。”法律写作说难很难，说大很大，但是再难再大，最终的落脚点都是由具体的一个个的个人在进行法律写作，所以对于个体的法律人，无论是个人凭借职业而生存，还是作为行业的一员，抑或代表着国家行使立法、执法、司法的职责，法律写作都是最需要精进和锤炼的能力。而法律写作水平的提高，小则带来个人职业发展的光明前途，大则使整个法律行业水平水涨船高。更大地说，国家的法治水平因之提升，治理能力更加强大，国家软实力持续增强。

法律写作能力的精进，每个法律人既是当仁不让，也是责无旁贷的。

法律写作其实是一场开卷考试

开卷考试，不但体现掌握多少知识，更考验思考能力、检索能力和研究能力。既然是开卷考试，必须体现水平，超越水平。

有一个流传甚广的故事：秀才对即将临产的夫人悲叹，写文章之难难于生孩子，因为生孩子虽难，起码肚子里还有一个孩子；而写文章之难在于，肚子里并无文章。

有音乐人提到作词时说过，写词这件事情，是老天赏饭。有多高的天赋，就能写出多高的作品。在某种程度上确实如此，诗词大家、文豪大师，大多为性灵之人。他们的佳作与个人的天赋、创意和灵感密切相关、密不可分。有文章妙手偶得，也有“画竹必先得成竹于胸中”。

然而，对于法律写作来说，一方面，腹中有物是一个重要的方面，是写作者的基本水准；但另一方面，法律写作也有其自身的特点和规律——法律写作以处理、解决问题为目标，以论证、推理为手段，基本上是排斥想象和创造的。在法律写作中，素材主要是事实、证据、法律，事实具有客观性，解决方案、论证的过程要求具有逻辑性、合法性。比如，某两个人结婚的当天下着雨，即使艳阳高照可能更符合结婚的气氛，但是下雨天就是下雨天，客观的事实排斥主观的想象。再如，一个邪恶的少年，无恶不作，但是由于未满十二周岁，也不能把他写进监狱里去。

这种特点的写作，讲求严谨、讲求务实、讲求逻辑，对写作者主观方面的要求最重要的是思维能力和研究能力。那些认为优秀的法律人在于能够把法条倒背如流的想法，可能是个善意的误会。当然，熟悉法律知识是产出优秀作品的一部分，但不是最重要的部分。

法律写作的素材或者说内容，在获得和组织方式上具有一定的外向性，即作者在写作上可以有“外援”。外援既有客观的知识，也有他人主观的知识、经验，这些都可以作为作者的素材，因为这些在法律写作中都是可以用来借鉴、分析的，甚至说是应该借鉴、分析的。理论研究中的全面阅读文献，实务中的类案检索都是外援的具体形式。实际上，包括但不局限于这两种形式。有一位做记者的朋友改行做律师，聊到律师写作与记者写作的不同时，他说，律师写作比记者写作容易，因为律师写作可以“抄”。这里的“抄”说得很通俗，不过也道出了法律写作的一个特点。因此，法律写作不是一个人在战斗，而更像是一场开卷考试，看如何能够占有、获得更充分、更全面的信息，并科学地、正确地进行分析，得出有说服力的结论。

从这个意义上说，法律写作完全可以“体现水平，超越水平”。

写作本质是一种输出，有积累，有内容，才有输出。但是，如果在输出的同时能够保持同步输入，那么法律写作的“体现水平，超越水平”则不只是口号，也会是实际效果。举一个例子说明：一只瓶子容量是 500 毫升，如果装进 500 毫升水，再往外倒，则倒出的最大量是 500 毫升水；而如果是一边装，一边倒，那么总量当然就可能大于 500 毫升了。

如何在输出的同时保持同步输入，如何“体现水平，超越水平”？

一、全面和深入地发现和发掘问题

法律写作大部分属于非虚构写作（国外将写作分为两大类，一是虚构，二是非虚构），非虚构写作以现实为素材，具体到法律写作，不论是理论研究性的学术论文，还是面向解决实践难题的实务应用性文章，共同之处都在于必须以问题为中心。

“问题”是法律写作的靶子，有了问题，写作才有了目标，写作水平才有了用武之地，有了发挥的舞台。提问的水平，在某种程度上就是作者的水平，提出问题、发现问题的一般方法有：

1. 通过大量阅读发现问题，即在材料的阅读、文献的阅读中发现问题，发现矛盾或争议，在阅读的细节中发现有价值的线索，或者发现未解决的、待解决的问题；

2. 通过观察和留意自身及他人的经验发现问题。法律是一门入世的学问，在职业实践或生活实践中，如果有一颗敏感的心和一双敏锐的眼睛，会发现法律难题、法律问题涌现不断。

不管上述哪种方式发现了问题，都不是终点，需要通过思考将问题体系化、层次化，这是写作者的思维加工。问题与周边问题是具有关联性的，一个问题提出来，如果有了答案，那么换个前提会怎样，再换个前提又会怎样……不断地变换前提，大胆假设，小心求证，便是将问题不断地引向全面和深入，这个过程使纵向与横向的要素都纳入审视和提问的视野，也是问题体系化、层次化的过程。

二、以细致的检索、查询进行学习和研究

面对诸多已经发掘和提出的问题，有时作者以现有的知识和经验完全可以阐述清楚，表达明白，“画竹已得成竹于胸中”。

但是在写作中会发现，写作也是一个将问题捋顺的过程。平时很多知识似乎是不言而喻的，但是要写出来时，发现又有些不确定，所以一定不能混混沌沌地开始写，不能将“大概可能差不多”的处理结果、方案、设计或答案写上去，法律写作务必精确、严谨、合法。

精确、严谨、合法的标准，在实务写作中，大多数情况是指找到有效的

法律依据。即使没有检索出严丝合缝的法律依据，也要查询到主流的理论原理指导下的最接近的依据。当然，对于理论研究型写作来说，检索法律依据也是必不可少的。规则思维是法律写作中最重要、最核心的思维，即在写作中每个提到的处理和方案，都必须有法律依据，即使是先从逻辑和理论上推论出来的，也需要再反向检索出实在法依据。否则，很多的笔墨都属浪费。

三、回应、解决问题，写作输出

这个阶段是一个根据研究分析，得出结论的阶段，是法律写作的成果展示。经过了“学习、研究”这个连接着发现问题与解决问题的阶段，也是输入与输出同步进行的重要阶段，作者通过自我设问，不断地给出答案，查询和检验答案，并将引申问题进行研究，将成果及时地记录和表达。这时回望，对法律写作进行评价：问题是遵照法律内容本身的规律，全面、深入地发掘出来的，贯彻纵横，有层次、有体系；而处理方案和答案是历经严谨的查证和细致的检验得出的。这样问题是充实的，解决是有效的。

这时来看，作者如果有七分水平，想必文章已是八九分。因为检索、查询、验证等研究之功，让作者既有的内容储备更精确化，同时还获得了提升，让外部的内容附着到了作者的写作之上。

当根据以上步骤完成法律写作，这场开卷考试也结束了，可以信心满满地交卷了。实际上，有点遗憾的是，并非每个法律人都把每一次写作任务当成了开卷考试，有时会很浪费“开卷”的机会，明明可以再进一步检索、核查的，却糊里糊涂地写完了。所以，如果法律人的每一次的写作都能成为一场开卷考试，以追求满分为目标，投入精力去研究，形成成果，体现自身的水平，甚至超越现有的水平，那么每一次的法律写作任务必然圆满。长此下来，整个法律行业的研究和解决问题的能力将日益提升，整个行业也会不断进步和发展。

Part 2

思维驱动写作

重新定义“法律人思维”

> 法律人思维是法律人思考的工具，是法律人工作的方法论。

说到法律人思维，有趣的是，在学术界和实务界并没有统一的认识，甚至还存在“有没有法律人思维”的争论。最具代表性的是苏力老师与孙笑侠老师的“论战”，以及由此衍生的一些讨论和文章。

苏力老师在《法律人思维？》一文中写道：“像法律人那样思考”是美国法学院流行的说法，本意在于鼓励法学院新生尽快熟悉实践中的制度环境与法律技术。但自从20世纪90年代这句话被引入中国，它就被误读为法律人拥有且应当拥有一套独特的思维方式。本文试图探讨这一误读的成因，论证所谓“法律人思维”其实并不为法律人所专有，以及在所谓“法律人”共同体中也不存在统一的法律人思维方式。进而本文还将指出，这种误读是中国法律人有意营造出来的结果，因为他们可以借此获得话语权威以及其他一些特权。本文不想贬低常规意义上的法律技能，而只是认为，法律人不能沉湎于纯粹由概念和规则编织出来的天国，而应当在实践中慎重考虑社会后果，善于运用各种社会、政治的知识与经验，最终作出恰当的判断和行为。

孙笑侠老师则在《法律人思维的二元论兼与苏力商榷》一文中，针对《法律人思维？》进行了回应。孙老师认为，苏力赞赏美国现实主义的法官办案方法与思路，否认法律人存在法教义学思维方法，无前提地主张“超越法律”和“考量后果”。主张法律人思维“二元论”，即在实定规范与社会事实之间进行结合、协调和平衡，遵循规则和超越法律。法律人不能拘泥于法律规则和概念逻辑，面对呆板的法律和鲜活的生活，不能刻板地不作结果主义考量。但进行社会后果考量时，不能夸大“超越法律”的功能和意义，不能以英美法系的特有方法遮蔽和否定成文法系法教义学方法中原本已然存在的“超越法律”的功能，更不应否定法教义学上法律人特有的思维方法。

与法理学界的概念之争不同，在实务界，很少有人关心“法律人思维”的严谨定义和外延，而是在默认存在一个模模糊糊的“法律人思维”的基础上，经常性地在不同意义上使用这个词汇。

看实务界相关文章会发现，很多跟法律人工作相关的思考方式和行为方式，概括成关键词再加上“思维”二字，就都能变成法律人思维的一部分。有人说这些是法律人思维，有人说那些是法律人思维。于是，实务界的“法律人思维”就如同一座座不同的花园，争奇斗艳。

学术界和实务界不同的景象，说明“法律人思维”是个非常有价值的概念，但是，目前并不能在同一频道上讨论，实有些遗憾。学术界的研究尚没能形成相对具有广泛认可的通说，无法为实务界提供确定的讨论基础，实务界出于应用的需要，便以经验和实用主义的方式进行总结，成果相对碎片化，不成体系。这就是“法律人思维”的现状。

之所以写这篇关于法律人思维的文章，是因为在钻研法律写作的过程中，对写作规律和方法论进行追根溯源，最终发现绕不开法律人思维。因为思维是行动的动力，写作是行动的结果。法律人思维驱动行动，法律写作以语言文字记录行动。

法律人在现实中的角色主要有立法工作者、法官、检察官、律师、法务、法学学者、法制媒体工作者，等等。从事的要么是经世治国的设计，要么是提供应该或不应该做什么、怎么做的意见，要么是处理别人难以解决的问题。

除了法律专业本身的专业能力之外，还需要有出色的洞察能力和异于常人的智慧。需要理解国情，理解市场规律，理解商业逻辑，理解历史，理解文化，理解人性。

从这个角度上讲，完美的法律人思维，既包括源于法律专业素养形成的思维，又包括拥有处理一切社会关系的智慧所体现的其他思维——像哲学家一样深刻理性，像政治家一样高瞻远瞩，像企业家一样务实创新，像经济学家一样注重效率，像文学家一样敏锐善言，像演说家一样雄辩有力，像科学家一样一丝不苟，像心理学家一样目光通透，像语言学家一样遣词造句……这里必须用省略号，因为社会关系是无限的，思维就是无法穷尽列举的。法律人思维是综合性的，解决棘手、复杂问题的思维。

思维本质上是一种思考的工具。生产生活中，需要假一些外部工具，它们大大延伸了我们身体的能力。古希腊物理学家阿基米德说，“给我一个支点，我能撬起地球。”杠杆便是一种工具。同样，思考也需要一些工具，在工具的帮助下，思考可以更有深度，更能洞察本质，更有成效。“如果你手里有一把锤子，所有的东西看上去都像钉子”，由马斯洛提出，被查理·芒格发扬光大的这句话，精辟地道出了丰富的思维工具的重要性。

因此，虽然思维工具无法穷尽，但是对常用常备的思维有深刻的认知，并能熟练应用，于法律人从业将是受益无穷的。所以，以务实的角度来谈“法律人思维”，可以根据思维工具的一般性和专属性，将法律人思维分为两大类：基于法律学科特征的专业性思维和基于一般职业内容的职业性思维。

这样的话，苏力老师说的其他职业也拥有的不应叫“法律人思维”的思维，不因为其他职业的应用而混同到一般性思维之中；而孙笑侠老师说的，法律人拥有的独特的法律思维，不仅可以为法律职业者所属，同时也可以给一般大众以启发，“像法律人那样思考”是法律人的基本素养，但不是专利。于是，“法律人思维”的概念既是法学成为一门独立学科的必要，也是法律发挥广泛社会关系调整功能的要求。

在此列举并阐述一些法律人常用常备的专业性思维（一般俗称“法律思维”）——概念思维、规则思维、逻辑思维、程序思维，和职业性思维——全局思维、批判性思维、成长思维、管理思维、关系思维、产品思维。

一、专业性思维

法律人的专业性思维，体现为法律思维，即以一套法律概念为基础，根据法律上的程序，按照逻辑，适用法律规则，处理和解决问题。法律思维是法律人观察、认识社会现象，洞察社会规律所具有的专业的思维方式，是法律职业群体共同的思考方法，具备一定的思维共性，体现了经过职业训练从而不同于一般民众的专业性。法律思维在于实现法律职业之间最低限度的价值共识，使不同的法律职业能够沟通和对话，以维护法律制度本身的安定性和可预期性。法律人的专业思维，常用的有概念思维、规则思维、逻辑思维和程序思维。

（一）概念思维

法律概念是理解法律的起点，是法律专业的基础，法律本身就是建立在一套概念基础之上的。法律人眼里的世界是法律概念定义的世界。

概念思维要求在表达、写作时，要以客观规律为基础，对字词严谨地斟酌，精确地界定；在解决具体问题时，对词语的理解要寻找法律上的定义。

比如，保护老年人的权益，非常重要的问题是多老的人算老年人？法律上老年人的概念应该如何界定？是到达一定年龄算老年人，长得老算老年人，体力不那么充沛算老年人，生活方式不太时尚算老年人，还是心理上没有什么朝气算老年人？我们生活中在各种意义上使用的“老年人”概念，有各种标准。但是，法律上的概念是《老年人权益保障法》中，规定了“本法所称老年人是指六十周岁以上的公民”。这样作为法律概念的“老年人”有具体而明确的意义，涉及具体权利义务的分配等法律问题，对老年人的解释应该依照法律的规定。

再举一个身边的例子：一位朋友跟我探讨，出版社管理中对于质检岗位，是不是需要具有中级证书，她说社内有些分歧：有人认为质检作为监督性的岗位，一般编辑都要求有资质，质检人员更应该有；有人认为，质检本身不是一般生产流程必须设置的岗位，是出版社自我严格要求而进行的，应该以实际上的能力为基础，出版社可以根据人才市场的实力而非是否有证来选择。

作为一个法律人，我听了之后第一反应是，资质要求应该是有规定的，是对出版专业技术人员的要求，那么这个问题便是"出版专业技术人员"概念的外延，于是在北大法宝中检索了一下，发现《出版专业技术人员职业资格管理规定》第2条规定："国家对在报纸、期刊、图书、音像、电子、网络出版单位从事出版专业技术工作的人员实行职业资格制度，对职业资格实行登记注册管理。本规定所称出版专业技术人员包括在图书、非新闻性期刊、音像、电子、网络出版单位内承担内容加工整理、装帧和版式设计等工作的编辑人员和校对人员，以及在报纸、新闻性期刊出版单位从事校对工作的专业技术人员。"很明显，严格地按照概念来理解就好了。

概念思维，还有个通俗的说法，叫作"抠字眼"，到底是什么意思，怎么界定，怎么理解，有时候法律上直接有规定，有时候并没有清晰的、明确的规定，则可借助各种解释方法。最普遍的文义解释，可以应用《新华字典》《现代汉语词典》等语言学的权威工具书进行查询。

（二）规则思维

规则思维体现在两个方面，一是"权利义务责任"的思维模式，二是尊重规则的效力。很多事情都有不同的角度，但是对于法律人来讲，"权利义务责任"是非常清晰的分析、解决问题的模式。比如，经常讲的"灵魂的拷问"：女朋友问，如果我和你妈妈都掉进河里，你会先救谁？先不管各种抖机灵的回答，假如现实中真的因为这样的事情起了纠纷诉诸法律，对于法律人来讲，以规则思维来梳理处理思路，首要的是需弄明白，在什么样的情况下两人同时掉河里了，是否处于危险中，与女朋友、妈妈之间各自有什么权利和义务，是否履行了义务，没有履行要承担什么责任。

规则思维中尊重规则效力也表现在两个方面：

一方面是尊重法律的权威，进一步说就是“信仰法律”。比如，红灯停，绿灯行。这么简单的法律规则，人们有时会想，规则是死的，人是活的，反正现在也没有车过来，道路交通规则不就是为了保障行人安全的嘛，有时红灯亮的时候我穿过马路，也没有不安全，无所谓。但是，从法律人的规则思维来讲，绝对是不可以的。红灯停，是规则，红灯亮了就须停。如果规则可以在“人是活的”的基础上进行判断，那么规则就成了一个没有权威的存在，从而导致规则意识、契约意识的缺失，造成更大的无秩序和不公正。这种冲突实际上是“个案正义”与整体秩序冲突下所做的衡量。如果红灯亮时也可以穿行，规则将没有确定性，也就没有意义了。即红灯亮了要停，如果红灯亮时没有危险也可以走，那么留给行人的判断空间很大，不同人对于“没有危险”有不同尺度的认识，这样规则的确定性就不存在了，没有规则的交通就乱套了。所以，哪怕牺牲个别的不便，整体上还是要坚持一个确定性的规则。当能够认识到这点，就理解规则需要权威了。

另一方面尊重规则效力还体现在要甄别规则的效力，因为在法律、法规、规章、地方性法规、司法解释，甚至批复、函复、国家标准、红头文件、习惯等之中，都可以找到规则，具体规则之间是否有冲突，有无废止或被修改，有无与上位法相抵触，这些都需要进行严谨的检索和判断，这也是规则思维的题中之义。

（三）逻辑思维

将丰富多彩的现实与抽象的法律之间建立起关系来，逻辑思维是一道必要的桥梁。逻辑思维在法律领域的应用中有两个重要的概念：归纳与演绎。

归纳是一种从特殊到一般的思维过程；演绎是从一般到特殊的思维过程。在某种程度上，起草章程、制定规则、制定法律，以上作为广义上的立法，都需要将纷繁复杂的社会现实归纳出抽象的规则；而面对具体的问题、具体的纠纷，需要适用法律，以上作为广义上的执法、司法，应用经典的演绎推理是亚里士多德的三段论：大前提—小前提—结论。

不论是在立法中，还是在执法、司法中，逻辑思维都是法律人制定法律、应用法律、适用法律的基本工具。需要注意的是，归纳和演绎并不是单一地使用，而是双向交叉互动。在制定规则的时候，要善于归纳，从纷繁复杂的具体事实中，抽象出规则，同时也要以抽象的规则进行演绎，可能会有什么样的现实适用这种规则，不断来检验规则是否合目的。而在适用规则的时候，所谓的“目光的往返流转”，亦即归纳和演绎思维的交叉使用，在作为大前提的规则和作为小前提的事实之间进行分析比对，以寻找符合逻辑的判断和结论。

逻辑思维的具体应用中，首先要求对前提进行检验，前提必须为真，如果前提是错误的，结论则南辕北辙。有个有趣的例子，一个古老的脑筋急转弯：树上有 10 只鸟，开了一枪，还剩几只？一个受过法律训练的人，可能不会马上回答，而是问出更多的问题。“在那个地方，打鸟犯不犯法？”“不犯。”“是无声手枪吗？”“不是。”“鸟里有没有聋子？”“没有。”“有没有痴呆的听到枪响不懂飞走的？”“没有。”“有没有关在笼子里？”“没有。”“有没有残疾或饿得飞不动的？”“没有。”“有没有傻到不怕死的？”“都怕死。”“开枪人的枪法如何，会不会一枪二鸟甚至多鸟？”“不会。”“如果您的回答都为真实的话，如果没打中，一只不剩，都飞走了；如果打中了，打死的鸟要是挂在树上没掉下来，就剩一只，掉下来，就一只不剩。”

这种看似有趣的较真儿，实际上也是缜密地确认前提为真的过程。

其次善用归纳和推理，这体现为两种能力：化繁为简和化简为繁。两者之间互相交错，条分缕析，纵横捭阖，体现法律人解决问题的专业能力和智慧。

（四）程序思维

程序指的是经过一定的方式、方法和步骤实现目的的过程。法律上的程序是程序法。法谚说，“正义不但要实现，还要以看得见的方式实现”。法律不仅仅规定了权利、义务和责任等实体的内容，还规定了权利、义务和责任如何实现的程序法内容。程序法是为了保障实体法而存在，同时，程序法也有自身独立的价值。法律人的程序思维要求分析问题、处理问题、解决问题都必须依照法定程序。

程序思维有两种重要的思维方式：一是证据思维，二是正当程序思维。

当某个热门事件发酵，每个人都可以发表自己的意见，基于的事实是各种维度的，听说的、报道的、内心确信的……法律上的事实并不是这些，而是经过一定的程序查明的事实，是经法庭质证、有证据印证和支撑的事实。时光一去不能倒流，客观真实是无法重现的，事实只能是通过证据进行还原的法律真实。有句俗语说，打官司就是打证据。

证据思维要求一是要有保存证据的意识，比如拍照、录音、见证、公证等；二是善于取证和有“法律事实的意识”，法律事实不是各类社交传媒转发的故事，不是报纸杂志报道的故事，不是身边的朋友传说的八卦，也不是一面之词信誓旦旦，而是需要由一连串的证据互相印证，需要具有真实性、合法性、关联性的证据支撑的事实；三是善于用证据说话，尽管我们常说证据“会说话”，但是证据的不同排列和展示方式，可能会有不同的效果，要通过举证技术，让证据表达出想要传达的真相，至少不能因为举证的技术的原因，让证据表达不够充分甚至产生相反的意思。

法律思维与大众日常思维存在一定的差异，而正当程序思维可能是差距最大的一种。尤其是当程序法的追求表面上似乎与实体法上追求的目标相背时。比如，普通人难以理解的：有的人坏透了，为什么还有给他辩护？嫌疑人很狡猾，不打不招，打了招了为什么不算？有些管辖权异议明显就是拖延时间，为什么还能得逞？所列举的这些是典型的与日常生活思维不太相同的思维。之所以法律要坚持这样的思维方式，是因为法律本身是一个体系，没有程序正义，也难以保障持续稳定的实体正义。程序法不仅是工具，而且对权力的设置、运作进行约束和监督，避免权力的肆意，给予每个人平等的机会，其本身是个有机的防止权力滥用、保障人权的体系。

正当程序思维要求首先要有程序意识，凡事不是听某个个人说怎么做，而是根据规定的程序进行；其次必须接受程序法上的结果，违反程序的行为也是违法，甚至犯罪，违反程序处理的事务、作出的决策效力是有瑕疵的。

以上几种思维基于法律是一门学科，是一个行业的这种专业性而产生，是受过法律职业训练应有的专业思维和智慧，体现了法律人的专业素养。当然，这些思维工具并非法律人的专利。在法律关系渗透于社会生活的方方面面，在生产、生活、经营、管理等各方面，思考和处理问题主动地应用法律思维，以法治思维和法治方式解决问题，可以防范风险，实现公平公正。

同时，法律人的思维不止包括专业思维，还有基于一般职业内容的职业性思维，这两者不能只强调其一，而是缺一不可。

二、职业性思维

如上所述，法律职业格外需要智慧，需要对历史、文化、社会、经济、人性有深刻的理解和洞察；法律职业需要强大的内心，需要管理好自己并调动、引导、影响别人的情绪和行为；法律职业需要不断学习、研究，需要深入的思考、敏锐的判断、精准的表达和简洁有力的书面写作。

基于此，法律职业更应该具有底层的职业性思维方式。值得注意的是，职场中的思维方式无法穷尽，甚至从不同的层面都能有不同的概括，就如同前述的很多实务性文章提到的律师思维、法律人思维，常常是将一些关键词后面加上“思维”二字就概括出一种思维方式。

这样的做法也很有用，但是有时过于具体，包容性不够，也就不够周延。所以，职业性思维的梳理需要尽可能地从广泛覆盖性、通用性出发，或使用既有的概念，或使用通用性概念，避免随意制造各种新概念，让职业性思维变得不可捉摸。就像我们把生物分为动物、植物、微生物等，而不是分为小狗、小花和细菌等。当然，这样梳理的特点也会因为类型化的角度和标准不一样而有不同的方式，以下介绍几种高度概括的、高频使用的通用性职业性思维：全局思维、批判性思维、成长思维、管理思维、关系思维、产品思维。

（一）全局思维

全局思维是指个体在看问题时，将时间、空间拉长及拉大，跳出自己，更客观冷静地来理解事理。可见，全局思维是要跳脱自己，将自我抽离，然后拉长时空，不受情绪左右，客观、全面地理解事理。全局思维要求看问题有更超脱的、广阔的视角，空间上放眼整体，时间上放眼长远。

1. 上帝视角

“不识庐山真面目，只缘身在此山中。”因为当个体参与事中时，常常是以参与者的思维进行分析，全局思维要求参与者抽离出来，以目标为导向，以终为始行事。

之前买房时，听房产中介讲过一个故事，说有次遇到一个客户（买家）正好是律师，拿到中介公司的合同之后，大刀阔斧地开始改，改得面目全非之后，交给中介，后来卖家正好也是个律师，又是一番大刀阔斧地改。几次三番下来，最后还是用了最初的版本。我将信将疑地问了好几遍，是不是真事儿，中介确认说是真的。

律师或法务在审合同时，坚持对己方有利，是很自然的，但是一定要以目标为导向，盲目地从条款上让己方占尽利益，非常不明智。相信谁都不傻，双赢才能有利于交易达成。“当局者迷，旁观者清”，当跳脱小我，用旁观者的思维观察全局时，很多问题迎刃而解。

2. 广角视角

这里引用一个摄影术语“广角”。不言而喻，广角的视角范围大，可以涵盖大范围的景物。首先，法律本身不是目的，法律是为了实现某种价值，解决某个问题。那么，法律手段可以解决问题，但是解决问题不一定都用法律手段。面临具体问题时，本身要考虑目的、考虑方式、考虑成本、考虑效果，如果可以通过电话沟通、谈判、和解等方式化干戈为玉帛的，那就需要评估是否有必要诉讼。其次，都是法律手段，也要考虑目的，评估不同手段的效果。记得有次研讨会，一位民法老师跟一位刑法老师聊天说，你们很多时候在讨论此罪与彼罪时，在我们民法人看来，这就是经济纠纷，是民事案件。的确，同样的问题，在广阔的视角下，有更多的备选方案。

3. 放眼整体，放眼长远

法律人在思考和分析时既要基于此时此地，又不应局限于此时此地。每个法律人心中要有个法律人共同建设的法治的摩天大厦。也许个体的行为在当下来看是一块砖、一粒石，但都是大厦必要的支撑。

传播甚广的关于当当变性员工劳动纠纷案［（2019）京 02 民终 11084 号］中，判决书有这样一段精彩的论述：

“现代社会呈现出愈加丰富多元的趋势，我们总是发现身边出现很多新鲜事，我们又会学着逐渐地去接纳这些新鲜事，除非它威胁到了他人、集体、国家或社会公共利益。也许正是我们对很多新鲜事的包容，才奠定了文明的长远发展和社会的长足进步。我们习惯于按照我们对于生物性别的认识去理解社会，但仍然会有一些人要按照自己的生活体验来表达他们的性别身份，对于这种持续存在的社会表达，往往需要我们重新去审视和认识，这种重新审视和认识或许是一个非常漫长的过程，但确实越来越多的人选择包容，我们也确有必要逐渐转变我们的态度。因为只有我们容忍多元化的生存方式，才能拥有更加丰富的文化观念，才能为法治社会奠定宽容的文化基础，这或许就是有学者指出‘社会宽容乃法治之福’的逻辑。我们尊重和保护变性人的人格、尊严及其正当权利，是基于我们对于公民的尊严和权利的珍视，而非我们对于变性进行倡导和推广。”有人称这是史诗级判决，真的体现了法律人的智慧。

（二）批判性思维

苏格拉底有句名言叫“未经审视的人生不值得过”，同样可以说，未经审视的观点不值得拥有，至少求真理性的法律人不应该轻易去表达和应用这种观点。对观点的判断，是对思考的再思考，就涉及批判性思维的运用。

批判性思维就是指审慎地运用推理去断定一个断言是否为真。值得注意的是，批判性思维往往不是指断言的真假本身，而是指对我们面临的断言进行评估。也可以说批判性思维的主旨是关于思维的思维——当我们考量某个主意好不好的时候，我们就在进行批判性思维。由于思想决定行动，我们如何考量自己的思想和观念往往就决定了我们的行动是否明智。

坚持批判性思维，有利于独立思考，不被别人牵着鼻子走；有利于培养合理存疑的精神，务实求真；有利于深度思考，拨开迷雾洞察本质。

1. 独立思考

有则旧闻，易中天先生应邀为市民做一场“中国智慧漫谈”的讲座，在互动环节中，有位听众尖锐地问道：“易老师，您好！今天讲座主办方安排市领导和公务员坐在前排，而普通听众一票难求，即使有票，也只能靠边儿坐，请问您对此有何看法？”话音落下，主办方的人员有些尴尬。易中天笑了笑回答说：“主办方这样的安排可能是认为领导干部更需要学习，接受教育吧！”此语一出全场笑声一片，大家都热烈地鼓掌。

这则故事看似易中天以幽默的妙语解围，实际上，这番话不仅在于组织语言，更体现了思维能力。运用批判性思维，进行独立思考，能够迅速辨认出别人的思维模式，同时快速地转换到另外的思维模式，不被别人牵着鼻子走，也不被别人的思路带走。这对于法律人的交锋至关重要。

2. 合理存疑

批判性思维并不是像字面上所显示的进行批判，而是合理存疑。当面对一个断言时，会问为什么，寻找可靠的依据。不迷信权威，不迷信大多数。在法律写作的修改中特别体现批判性思维。本书在后文中总结出的法律写作的检查清单，其实既是写作中需要检查的内容，也是法律实践过程中运用批判性思维对各种断言的检验和确认。

3. 深度思考

社会关系纷繁复杂，从中产生的法律问题也是纷繁复杂的。如何拨开纷繁复杂的表面现象，找到问题的核心或者争议的焦点，需要深度思考。切忌对问题还不是很清楚时就给出答案，而对问题细节的各种提问、确认则是深度思考的具体方法。

需要注意的是，批判性思维是一种求真思维，是一种寻求观点有据可依的思维，而非简单地否定一切观点，那样与“杠精”无异。

（三）成长思维

成长思维认为人的能力可以通过努力来培养，即使失败，也认为是通过试错获得教训和经验的过程。法律是个需要终身学习的行业。法律人要有成长思维，首先需要有成长的意识，其次需要不断地学习，掌握正确的方法并刻意练习，增强实力。

1. 好奇求知，勇于改变

每个人有一扇自内而外打开的改变之门，拥有成长思维和开放心态的人，会摒弃故步自封行为，保持头脑的开放，秉持“三人行必有我师”的观念，谦虚好学，对未知敏感而好奇，不断地探索、成长，拓展生活的边界，获得人生智慧，使工作和生活皆受益。

成长思维不仅带来认知上的更新，更重要的是让人保持动态地看待事物，不轻易贴标签。选择建设性的行为，积极行动。有种普遍的观念是“遇事找法”，尽管不一定全面，但是从另一方面说明了，法律人的工作不那么好做，经常会面对很多有冲突的、一般人搞不定的、解决不了的问题。在某种程度上，医生是治我们身体之病，法律是治社会之病。法律人的成长思维，还表现为把苦难当成修炼场，当成克服的对象，不逃避，不抱怨，努力通过提升自己处理和解决问题的能力去行动，去改变。抱有乐观的精神，坚强的意志去积极行动。

2. 实力的提升

学习带来自由，学会一项新技能就会打开一扇新的人生之窗。法律人需要学习各种知识（专业知识、一般通识）、技能、经验和智能工具。明确了应该学习什么，就如何学习来说，一是通过阅读和研究来学习；二是通过交流和咨询来学习；三是通过各种课程学习；四是通过实践摸索、总结来学习。后文将详述学习的方法。

坚持成长思维，有个工具非常好用，那就是复盘。复盘始于围棋术语，在围棋比赛结束时，棋手会对之前的对局进行一次复盘，在脑海中或者棋盘上将棋子重新摆放，思考对方的路数还有自己的破法。通过复盘，棋手的棋艺日益精进，反观我们平时下棋很少复盘，所以棋艺一直不长进。同理，学习和成长也是如此。我们一边学习，一边在应用中复盘，才能不断总结和提升。

（四）管理思维

管理不只是管理者的事情，管理能力是有目的的组织能力，为了高效地实现目的，每个人都需要有管理思维。

1. 管人

管理学大师德鲁克说，“管理是激发人的善意”。如何营造良性的公共关系，为工作开展提供外部环境；如何提振士气，建设高效能团队，出色地完成目标，是一门艺术。《律政雄心》中借一位巡回法院法官之口强调了法律人的管理能力。“有些人天真地以为，要成为优秀的上诉法院法官，做好法律分析就行，而这远非实际情况。是的，我们需要相当出色的法律思维，但这是必要条件，而不是充分条件。我们还必须是优秀的管理者，这样才能发挥办公室工作人员的最大才能。我们应该是老练的政治家，这样才能与同事共处。就我而言，我从吉布森与邓恩律师事务所一路打拼上来，我在律师事务所当合伙人时积累的管理律师和助理的经验就是担任法官的前期准备。现在，我实际上是在管理一个小型律师事务所——我的办公室。所以，我们中间那些从政府或私立部门的高级管理职位进入法院的人，与那些先前担任法学教授的人相比，更有可能成为优秀的法官，后者的'管理'经验仅限于指导一两个研究助手。"

2. 管事

（1）任务管理

法律工作的特点常常是多线程操作，当手头同时有多项任务时，可以借鉴管理学中的"四个象限"的处理原则，将任务分为重要且紧急、紧急不重要、重要不紧急、不重要不紧急四种类型，从重要性和紧急性进行排序，区分优先性，从而把有限的时间和精力投入重要的事情上。同时，对各项任务及任务中的各个环节列出清单，进行事项和进度的精细化管理。

（2）闭环思维

闭环思维指的是对于一项工作，在一定时间内，不管执行者的完成效果如何，都要认真地反馈给发起人，闭环到发起者。通俗说法是，"凡事有交代，件件有着落，事事有回音"。当这种善始善终养成习惯，一个难得的靠谱人设就形成了。

3. 管自己

管理好与自己有关的一切，是给别人提供价值的基础。自我管理首先是健康管理，尽管法律工作都是脑力劳动，但是工作成就的比拼有时是体力的比拼。没有健康，一切化为乌有。其次是知识管理，法律行业是知识密集性行业，知识的积累、更新、管理工作非常重要，后文将详述如何做好日常的知识管理。再次是时间管理，生活时间、工作时间、休闲时间如何平衡和分配，从而让自己处于一个比较好的状态。最后是情绪管理，通过表情和情绪的管理，调适好自己的状态，并影响和调动合作者。

4. 统筹协调

当一项具体工作放在面前，法律人不能只看到风险，说不可以做。而要从整体统筹，想怎么样做才行，怎么样做才好。如果法律人只能说，这样不行，那样不对，那不是真正有智慧。

比如说，物权法规定的自动续期制度就是很有智慧的设计。公有制是我国基本制度，这个必须要坚持，同时，有恒产者有恒心，如果自家住的房，不知道哪一天就不属于自己，人民群众的利益得不到保障，不利于社会稳定。而自动续期制度就是智慧地做到了“既……又……”的立法选择。

总之，管理思维的本质是以目标为导向，进行综合协调。管理说起来容易，做起来难。坚持管理思维，重要的是做到知行合一。

（五）关系思维

说到关系，很多人最直接的反应是，关系与法律是相抵触的。其实不然，关系是人的自然属性和社会属性的综合，有着深刻的政治学和心理学的基础。法律是调整社会关系的规则，有关系，才需要法律。如果有个地方只有一个人，一定不需要法律。同时，不一定所有关系都用法律来调整，来解决。因此，对法律人来讲，可以从两个层面理解关系。一是不能孤立地看待人和事，人与人、事与事、人与事之间存在联系。敏锐地洞察关系，是深刻认识社会关系的要求。二是在洞察关系的基础上，能够通过合法合理的互动方式改善和处理关系，是在真实世界中解决问题的要求。

1. 敏锐地洞察关系

关系思维意味着要把眼前的人和事放到关系中去。法律人每天都处于各种关系中，敏锐地洞察关系，要在纷繁复杂和不断变化的关系中，把握关系的实质。无论在交易谈判关系中、管理关系中，还是审判关系中，都不能仅仅关注表面看到的关系，还要放到更多元和开放的关系中去，洞悉各方真实的利益诉求、情感诉求，以及辨析影响真实诉求的因素。比如，是利益之争，是意气之争，是其他恩怨的衍生，还是醉翁之意不在酒……

2. 妥善地处理关系

洞察关系是解决问题的认知基础，妥善地处理关系，需要在认知的基础上，调动资源和智慧，在合法和合理的范围内，通过沟通和互动，以专业的、良性的方式去改善关系，解决问题，追求良好的法律效果和社会效果。

（六）产品思维

产品能力是一个人的底层能力，梁宁对产品能力的定义非常触及本质："判断信息，抓住要点，整合有限的资源，把自己的价值打包成一个产品向世界交付，并且获得回报。"说得通俗一些，便是在社会分工中，能够提供满足别人需要的产品的能力。

1. 用户导向

产品思维的核心是用户导向，即了解用户的需求，从用户需求角度进行产品设计、加工和打磨。有个关于表达的小故事，可以感受一下。一位教徒在祈祷时犯了烟瘾，就问神父："祈祷时可以抽烟吗？"神父瞪了他一眼说："不可以。"另一位教徒在祈祷时也犯了烟瘾，他问神父："抽烟时可以祈祷吗？"神父赞赏地说："可以。"这与我们常说的"情有可原，理无可恕"和"理无可恕，情有可原"可谓异曲同工。表达不等于表达的效果，但是当考虑了表达的效果时表达更有效。

在产品思维下，律师写作的诉讼文书、商务文书是产品，法官、客户是用户。如何说服法官，如何赢得客户，就要考虑法官和客户的需求。当判决书引用了律师诉讼文书中的论证时，就证明法官采纳了律师的观点，律师说服了法官。反过来讲，律师在写作诉讼文书时，就要换位思考，如果我是这个案子的法官，可能会怎样分析，怎么作出判决，写判决书。同样道理，把判决书看作法官向当事人交付的产品，为了“让人民群众在每一个司法案件中感受到公平正义”，判决书需要有法有据、说理透彻。那么法官也需要换位思考，怎样表达能让当事人胜败皆服、心悦诚服，从而增强判决书的说理性，因为判决书不仅代表着国家强制力，也代表着道理和公平正义。写作、表达沟通、讲课等也遵循同样的道理。当以产品思维看待法律人的核心价值和能力时，首要的是考虑用户的需求和接受，避免无意义的勤奋和自我感动。

2. 产品的质量

法律工作具有高度的属人性，所谓同案不同判，与每个具体处理案件的人认知、能力、思维的不同有很大的关系。之所以在前文法律人专业性思维部分抽象出概念思维、规则思维、逻辑思维、程序思维等几种思维，是因为这几种思维是基于法律专业的思维方式，可以成为各种法律职业的最大公约数。因此，为了保持法律产品的质量，必要的是坚持在这样的法律思维框架下作决策——严格依照程序、逻辑严密地适用规则。

此外，随着技术的发展，产品要不断地升级和创新，并且可以赋予一定具有设计感的形式，从而有品牌意识地进行营销和传播。

结语

法律专业性思维与职业性思维，在实践中是交叉使用的，二者都是法律人处理、解决问题过程中的思维工具，作决策时的落脚点要回到法律专业性思维中，据法行事，在法律框架内解决问题，而职业性思维方式让决策更智慧、更高明。

每个人的思维方式既有天生的部分，也是可以后天培养的。我们需要认清自己习惯的思维方式，明确自己应该拥有的思维方式，并通过刻意练习来锻炼、使用，做更加优秀的法律人。

法律写作的 13 种思维模型

> 法律写作的问题在于写作，更在于思维。

关于写作的研究有很多，角度各异。比如，写作是职场软实力，写作带来影响力，写作是表达的出口，写作是创作一个好故事……

一、法律写作是一种特殊的写作

法律写作作为一种特殊的写作，既有一般写作的特点，又有其个性特点。

首先，法律写作是一种非常专业的写作，顾名思义，法律写作是跟“法律”有关的，是关于法律方面的写作。这样听来，似乎法律写作是个狭窄的话题，其实并非如此。

法律作为调节社会关系的手段，与社会关系有着广泛的、千丝万缕的联系，尽管是一种专业写作，然而，微小的切入点下，却是宽广的表达。

从入门者的习作练习，学者的法学研究，立法者起草文件，行政部门管理中的“发文”、执法，律师的代理、辩护、出具法律意见，司法实践者裁判，到新闻事件的报道，热门事件的评论，再到公共法律知识普及，日常生活的拟定协议、制度制定，以及看的律政小说、电影剧本等，都离不开法律写作。

因此，法律写作本身具有专业性，且具有非常丰富的知识体系。

其次，法律写作是一种与法律思维关系密切的写作，法律写作表面上是语言文字以及标点等内容的组合，深层次来讲，体现的是观点和思想，是一种思维过程。

法律写作作为载体固定法律人思维过程，其与法律人的思维密不可分，可以说，法律人有多少种交流和思考的方式，就有多少种写作思维模型。

二、法律写作思维模型

法律写作是法律职业最基本的生存技能，也是提升公众法律知识水平、法治理念的有效手段。

本文以法律写作的底层思维为切入点，根据不同写作的不同目标，尽可能地梳理出主要法律写作的思维模型，构建法律写作的体系，从而对法律写作做贯通式、全景式的鸟瞰。因为思维是看不见、摸不着的，是比较抽象的概念，谈起来似乎“虚无缥缈”。因此，在总结和梳理思维模型的过程中，将结合具体的案例将肉眼看不到的思考过程显性化。

（一）学术研究型写作

学术研究型写作的目标是理论创新，法律写作思维模型是提出真问题，穷尽文献，进行分析、层层论述，创新性提出制度方案。

真问题是现实存在，但没有制度规范的问题，或者是现实存在，有制度规范但是该制度存在瑕疵、漏洞，与时代脱节等的问题；穷尽文献，包括相关的论文、专著、教材、法律规范等；分析、论述和提出创新性的理论，是一个有破有立的过程。这也是学术研究型写作思维模式的突出特点。批判实然，引导应然，对于真问题进行开放性讨论。

（二）格式化型写作

鲁迅先生说：“世上本没有路，走的人多了，便成了路”。沿着前人趟出来的路走是一条捷径，但更重要的是，要清晰地明确自己的目的地。否则，囿于格式和模板，反而束缚了思考。路毕竟是途径，不是目的地。

格式化型写作思维模型的实质是，处理具体的问题。思维模型是事实—证据—依据—处理。这种思维模型在执法、司法中应用非常广泛。

依格式化程度可以分为填空型和撰写型。不管格式化程度如何，写作者需要在应用格式的同时，对于处理具体问题有着思维自觉。

同时，相对于学术研究型写作，格式化型写作面向具体现实问题的处理，思维模型上最大的差异是，解决问题有时间限制，不探讨应然，而必须立足于有效力的法律规范，回应“怎么办”“怎么解决”的问题。

（三）规范起草型写作

规范起草型写作是最广义上的“立法”——制定各种层次的规范，本质是写抽象的条文，“立规矩”。所以，如何起草好、写好规范条文，也称“立法技术”。包括制定具有国家强制力的法律、法规、规章及司法解释，也包括具有约束力的规范、协议（合同）等，还包括学者通过学术研究提出的立法建议稿等。

规范起草型写作思维模型是，为了达到某个目的—明确权利义务—明确责任。根据不同规范的具体情况，有时将权利义务实现程序的写作另起炉灶或者合二为一。

规范起草型写作要时时谨记写的不仅是一般观点表达，而且是一种抽象的条文。除了底层的思维模型之外，对于形式的要求也是最高的，最需要斟酌词与物、言语与修辞。

（四）知识分享型写作

知识分享型写作是一种侧重于“是什么、为什么、怎么办”的信息传递式过程。这种写作重点不在于寻求理论创新或者探求新知识，而是一种答疑解惑式的写作。应用场景也非常广泛，比如专业人士内部的交流和分享，对大众的知识普及。表现为法律知识问答、案例评析、大众普法、实务经验传授、法律职场等。

（五）工具查询型写作

工具查询型写作不仅是简单的罗列，更重要的是确定查询的方法和信息的筛选。基本的思维模型是分类—穷尽式检索—甄别选择—合理加工和排列。

应用场景有法律词典、法条汇编，以及以建立文件夹的方式实现的知识管理等。

工具查询型写作思维模型除了上述的思考过程之外，还可以广泛地借助多种形式，如传统上的脚注，以及互联网技术的超链接、二维码等。

（六）图文互释型写作

图文互释型写作，是用文字和漫画、插画、照片、图片、图表、思维导图等各种能够将思维形象化、可视化的表达相结合的写作方式。史蒂芬·平克有句经典的话："写作之难，在于把网状的思考，用树状结构，体现在线性展开的语句里。"

而当有照片、图画、图表等时，常会有一目了然的效果，尤其随着技术的进步，出现很多的软件工具，可以更形象地展示本来肉眼不可见的抽象的法律思维过程，从而使图文互释能够表达网状的思考。

图文互释型思维模型是以清晰化表达为目的，以图文互相补强为手段，图与文都以必要为限，不为了配图而配图，也不为了配文而配文。

（七）水平测试型写作

水平测试型写作是常常为人们所忽视的。就实质而言，可以概括成几个字——出题做题。

在老师的教学课堂中，各种机构的人才选聘中，国家统一法律职业资格考试中，以及对不特定人的知识掌握程度的评估中，都有应用。

这种写作因为本质是出题做题。思维模型是，先行确定考点，然后围绕考点组织材料，将考点内嵌其中，形成一个题目。

各种各样的题目，听起来似乎是一种枯燥的类型，但是创新无处不在。考点是一种知识获取的目标，而这种写作相当于围绕目标进行测评，综合考虑受众的特点，有的写作成果也很有趣，比如《车浩的刑法题》。

（八）随笔杂谈型写作

随笔杂谈型写作，一般也被认为是一种热点写作。其涉及的往往是一些即时发生的事件，以及针对当下事件产生的看法。

这种写作的思维模型是阐述事件—议论或抒情。特别需要注意的是，这种议论和抒情，必须以法学理论，或者以法律规范为基础。因为议论和抒情本身带有很强的主观色彩，所以特别需要保持理性和逻辑。

举一个例子，之前有一个孕妇跳楼的案子。一篇文章中分析法律关系时提到，虎毒不食子，何况人乎？

以虎毒不食子为论证的前提，得出结论，一个妈妈必然不会伤害自己的孩子。这种抒情和议论的论证，就是缺乏逻辑的。妈妈有没有伤害孩子，法律写作角度考虑的是证据，比如是否有人亲眼看见，或者说有监控视频。这些可以作为论证的依据，而不是通过老虎不食子这样的一个典故。

这是特别需要注意的一个逻辑问题，在随笔写作中，这种错误比比皆是。经常是好几派观点，议论得特别热闹，谁也不能说服谁，因为各自都有很大的逻辑漏洞，沦落成一场情绪和意气之争。

（九）新闻报道型写作

新闻简报，顾名思义，就是对新近发生的事实、事件进行报道。新华网每年评出的年度新闻事件中，有很大比例是法律事件，或者很多事件本身都有法律思维。同时，法律圈本身也有事件在发生。因此，新闻报道型的写作与法律新闻写作两者是水乳交融的。

这种写作的思维模型完全符合新闻报道“5W1H”——When（时间）、Where（在哪儿）、Who（谁）、What（是什么）、Why（为什么），How（怎么样）。

（十）纪实文学型写作

当以文学的手法来写作真实的法律事件的时候，就是一种纪实文学型的法律写作。

最有代表性的就是个人传记、机构发展史等。

（十一）虚构创作型写作

法律写作，大部分是非虚构写作，但不是全部。

律政小说以及剧本的创作，之所以需要纳入法律写作，是因为这种虚构不是天马行空的虚构，而是必须在符合法律规范以及法律制度相关约束的情况下。

比如，有的法律文学作品或者是法律电视剧，经常会遭到专业人士的群嘲，“bug”（错误、缺陷）一抓一把。明明是一个民事代理，律师说这个案子由我来辩护；明明是中级人民法院管辖的案件，情节设置到基层；等等。

这种虚构必须将法律文化、法律背景、法律知识、法律思维考虑在内，不能完全无拘无束地虚构。

所以，这种写作的思维模型是，主人公可以是虚构的，情节可以是虚构的，但一定是在法律制度之中，法律框架之中，法律实践之中的。

（十二）底稿型写作

底稿型写作，某种程度上可以认为是简单的思维梳理。思维固定后的两种表达方式是口头和书面。

底稿型写作思维模型，有以下三种：第一种是列出要点，或打腹稿，或打草稿。第二种是提示型，对要点进行了简单扩充，从要点到大纲，比如说演讲的 PPT。第三种是宣读，考虑到需要口头表达，写的底稿虽然是书面方式，但是要注重口头表达的特点。

以上应用场景如谈判、辩论、沟通、演讲、出庭等。底稿型写作是一种为后续行为的准备，它服务于接下来需要的活动。

（十三）社交型写作

写作是一种表达，当技术发展之后，原始的书信越来越稀有，取而代之的是各种即时通信软件——微信、微博、QQ、电子信箱等。

而这些即时通信软件兴起的同时，也将写作扩展到了更多的领域，如朋友圈、微博、公众号等。这种写作除了传统的表达功能之外，更兼具了社交功能。

这种写作的思维模型是，从交流的目的出发，梳理思路，组织语言。

三、多种法律写作思维模型的交叉应用

以上列举了 13 种法律写作的思维模型。

需要特别说明的是，每一个写作任务并不是对应一个思维模型。真实的情况是，每一个写作任务的完成，都需要多种思维模型交叉使用。

思维模型建立的意义是，让写作者能有更多主动思考的意识，对写作任务保持自觉，头脑清晰，手头的写作主要是哪种类型，对于写作的完成有思路的引导，但是并不说明，这些列举的思维模型是彼此独立的。恰恰相反，一个出色的写作任务的完成，需要随时调用合适的思维模型。

比如，学术论文写作从形式上讲，需要符合一定的格式——摘要、关键词、目录、正文等，这是格式化型思维模型，而从内容宏观的框架上看是学术研究型思维模型，但是大框架下的子课题，比如讲一个问题，现有的规范

如何规制，需要知识分享型，对于某个数据如果有图表来表现，更加一目了然，又会启用图文互释型，而最终落脚点方案设计，如果提出立法建议，具体到条文建议就是规范起草型。

如果写作者对于每个思维模型有自觉，能够有意识地去应用，无论学术研究，还是法律实践，都会有很大水平的提高。

元技能：法律人学习力的打造

> 在信息爆炸时代，能够选择适合自己的学习资源并进行高效学习，是一种元技能。

《民法典》出台后，引起了法律圈一波学习热潮，网络上调侃“专业选得好，天天像高考”。的确，选择了法律专业，从事了法律职业，必须要做个终身学习者，亲身体验啥叫“活到老，学到老”。

一、学习什么

如苏力老师所说，由于法学不是一个自给自足的学科，因此思想的开放不仅应当理解为对外国的、被标记为法学的知识保持敏感和开放，还应当对自身和周围其他普通人的知识和经验保持敏感和开放，更要对其他一切相关学科的知识和研究成果保持敏感和开放。

（一）法律文件

基希曼有句广为流传的名言：“立法者三句修改的话，全部藏书变成废纸。”听起来非常夸张、耸动，但也不无道理。每有新的法律、法规、规章、司法解释、指导性案例发布，法律人的知识都需要及时更新。除了这些比较明显的法律依据之外，像通知、函复、批复、意见、纪要、标准、规范、答记者问、简报等，也都是学习对象。

不仅学习新内容，还要梳理和甄别。新规定中，常常有句云淡风轻的话：与本规定不一致的，以本规定为准。究竟哪些地方有不一致，这真是检验法律人学习力的试金石。

（二）知识、经验和工具

1. 法律知识

法律不仅是法条和规定，法条和规定的背后还有一套自成体系的知识、相关原理和分析问题的方式。读法学院的时候，按照部门法、核心课程来学习，是学院派的学习方式。实践中，面对的具体问题可能是很多法律学科的交叉。比如说，最近几年比较热门的“私人财富管理和传承”方面的法律服务，就涉及婚姻法、继承法、合同法、公司法、保险法、信托法、涉外民事法律关系适用法等各种领域的法律知识。实践中，根据具体的需要来追踪、学习相关专业知识。

2. 相关通识

有些国家读法学院有前置条件，必须是获得其他学科的学位，然后才能修法律，这是因为法律本身是一个比较成熟的、理性的、有社会经验的人才能够理解的规则，是充满了智慧的学科，所以，要真正做好法律工作，需要对很多的相关知识有了解。理想的法律人的能力应该是T型的，专业知识扎实，并掌握一般的通识，比如说掌握基本的财务、历史、心理、社会、政治，甚至一些理工科的知识和内容。不仅法律要精，其他样样也要通，这对于做好法律工作是不可或缺的。

3. 具体的经验

美国著名法学家霍姆斯的著名语录说，法律不在于逻辑，而在于经验。经验是法律人需要不断地攀登和逾越的一座又一座高峰。法律人总是在处理难缠的事儿。实践中，对小到法院门朝哪边开，文书怎么装订，大到处理难题，摆平纠纷的策略都要不断学习，在实践当中总结经验教训，一次一次地升级自己的认知，精益求精。

4. 基本的工具

法律人需要学习的工具既包括技术工具，也包括思维工具。

法律人中文科生比较多，对于新技术属于不太敏感的人群，但是技术对工作影响甚大。法律检索和研究中，工具使用能够极大地提高效率。熟练地用检索命令，能搜集有用的资源；会做PPT，能做漂亮的思维导图、视频剪辑；图文识别小软件的使用，将图片输进去，唰的一下就能识别文字；用语音代替键盘输入，进行记录和写作，可以节省时间；利用幕布之类的软件可以方便地做出思维导图，等等。这些技术工具就像我们的外脑，以及身体的延伸。

除了技术性工具之外，思维工具也非常重要，可参考前文《重新定义“法律人思维”》中的内容。

以上主要是对既有的知识、技能和思维的学习。对于法律人来说，学习的任务远不止于此。社会发展日新月异涌现出的新事物、带来的新社会关系，人工智能、共享单车、网约车、直播、无人驾驶……时代的车轮滚滚向前，新事物层出不穷，法律人对社会的前沿，行业的发展都需要保持敏感并持续学习。学习，简直是法律人的宿命。

《民法典》通过后，《婚姻法》、《继承法》、《收养法》、《合同法》、《民法通则》、《侵权责任法》、《物权法》、《担保法》、《民法总则》同时废止。在这样的阵势下，很多人调侃“半生所学，化为乌有”，“拿了法学毕业证书，中年归来，依旧是法盲”。似乎因为《民法典》法律从业者要回炉重造一样，其实一直都如此，只不过这次被关注到了，法律人与法律一同生长，常态而已。

二、学习资源的选择

在信息爆炸的时代，不但可以读书，还可以读屏；不但可以线下学习，还可以线上学习；不但可以现场讲解，还可以远程云讲解；不但可以购买知识产品，还可以面对面咨询。所以学习资源从不匮乏，反而如何花费有限的时间、精力以及费用进行高效的学习，成了核心问题。

以《民法典》为例,《民法典》出台一个多月后，各种图书、视频、课程、讲座、文章，如雨后春笋。有几个好朋友问我应该选哪些来学习。于是，我梳理了一下学习资源选择的方法，供大家参考。

学习资源的选择，主要考虑以下这几个方面：一是学习的目的，二是出品人，三是学习资源的特点，四是费用成本和时间成本，五是获取渠道。这些因素可以综合考虑。

1. 学习目的是最重要的，医药领域有句话说“抛开剂量谈毒性就是耍流氓”，抛开目的讲学习资源也是极不靠谱的。

学习资源可以看成一种知识产品，本身会针对一定的对象和使用场景。但是这种知识产品并没有详细的说明书，所以需要使用者根据自己的目的、自己个性化的学习需求去深度检索、甄别、选择，是为了了解，还是为了精通，是为了操作，还是应试，据此选择相对应的资源。

2. 作为一种知识产品，学习资源都有出品人。这是客观上最重要的方面。出品人一般包括作者、出品机构（出版社、培训机构）。法律人最擅长做尽调了，这时尽调的能力可以迁移过来，对出品人进行了解和评价非常有必要。

3. 学习资源的特点既有形式上的特点，也有内容上的特点。形式上的特点，如不同的载体适合不同的学习需求。比方说，读书是一种主动学习、深度学习，可获得细节的精确知识。听音频、看视频属于被动学习、表层的学习，有助于学习者进行大框架的勾画，生动地理解，可以获得启发，但是对于逻辑性强的法律专业知识并不足够。看微博、微信公众号文章可以利用碎片时间随时随地进行学习，但是对于体系化的学习又捉襟见肘。学习内容上的特点有不同深浅的，不同体例的，不同侧重的，等等。

4. 费用成本和时间成本。费用成本跟时间成本有一定关系，因为有些梳理性、资料性的付费产品，实际上帮助使用者节省了时间。这里就涉及使用者钱多还是时间多的平衡了。钱多的花钱买时间，时间多的花时间省钱。此外，对于有些资源，可以从多角度考虑，如音频与图书相比，前者可以在开车、走路、做家务的同时来听，后者不太行；但是前者只能按照时间进行，看不到框架，后者则可以看目录，浏览粗读，也可以前后翻阅。

5. 获取渠道，对于学习资源选择是一个简单又不简单的因素。在官方公报、官微上查询权威文本，在当当、京东、天猫、淘宝以及线下书店买书，在学习类 APP（如知乎、无讼、学习强国之类）、数据库、公众号、微博等搜索文章、视听资源，在优酷、B 站等视频网站搜索视频，在分答、在行、知识星球等载体上可以直面专家……“搜商”也是一种修炼。

综合考虑以上因素，比如在琳琅满目的《民法典》学习资源中，如果以了解为目的，不追求非常专业，只希望了解一下从摇篮到坟墓跟每个人息息相关的《民法典》，追求略懂即可，那就选择简约、通俗风格的学习资源，如碎片化的阅读，讲座（B 站、学习强国都有），图文并茂的图书等，都是可以的。

如果是法律从业人员，为了更新专业知识，不但要知其然，还要知其所以然。对于碎片的、启发性的学习资源当然可以使用，但是一定要节制，千万不可占用主要精力，真正的专业学习需要通过阅读深度的、成体系的图书。

如果是法考的同学，建议直接去听法考老师的课程，看法考老师的讲义，术业有专攻，应试也是一门技术和艺术。这时看其他的就成了花里胡哨了。

此外，各种资源很多，无论视频、课程还是图书都很多，正面选择有困难的，有个排除法，对那些面对刚刚出台的中国的《民法典》，就说这不合理那不合理，还提及德国、美国的，建议离得越远越好，这种于研究、应用均无益处。因为《民法典》的出台，历经数十年无数的争锋和讨论，最终规则的确定基本上是“最大公约数”了。尽管批判是需要的，但是这时就进行各种批判，可能是“夹带私货”。

三、学习资源的利用

（一）误区：囤而不用

学习资源非常丰富，经过一番甄别终于收入囊中，最忌讳的便是束之高阁。光收不用也是一种病，有个很可爱的名字叫“松鼠症”。总是说我想学习，但是从明天开始吧，解决之道就是不要计划学习，要看到资源就马上学习。也不要等做完别的事情再来学习，要先学习完再去做别的事情，这个办法屡试不爽，坚持下来就能养成良好的学习习惯。

（二）带着问题阅读、听课

先发现问题，再进行学习，这种带着问题的学习一定比漫无目的、“轻装上阵”的学习更有收获，如果一开始就没有问题，那么对于纸质的资源可以先翻一翻，或者对于音频、视频资源先跳着听一听，针对看到的、听到的，多向上向下问自己几个问题——为什么？然后呢？试着思考这些问题，再带着问题进行学习。

（三）择其善者而从之

选择资源的时候擦亮眼睛，但也保不齐有打眼的时候，花了冤枉的钱和时间之后，不要光抱怨被割了韭菜，要复盘一下，当个反面教材，总结一下能吸取什么教训。当时是因为哪些吸引人的地方作出了选择？内容虽然不尽如人意，但是包装形式值得学习，这是一种反面学习。

哪怕再“水”的资源，都不是大风吹来的，能够出一本书的人，能够开发制作一门课程的人，也许平凡，但都不至于平庸，不至于100%乏善可陈。当买到“水课”后悔不已时，不如思考一下哪里值得学习。否则只是花钱花时间买了后悔，那才是最大的失败。

我们生在一个学习资源无比丰厚的时代，这是我们的幸运。在这样的时代，能将人与人区分开来的，主要就是学习的能力。那些有学习热情、掌握了学习方法的人，将是时代的强者。

学习会带来成长，也会带来自由，解锁一项新技能，犹如武功又增一成，打开一扇新的人生之窗。

如何做个“T型人才”[1]

万物皆可学，然后，知行合一。

很多年前读大学的时候，有一件事情我印象至深，并且在很大程度上影响了我日后对事物的看法和处事的思维方式。

事情是这样的：大一的某节法理课，教授我们法理的老师“王 Sir”强调，法律人可能与各行各业都有交集，需要的知识是永无止境的，在面对未知时，不发怵，不恐惧，不要随便被神秘的东西吓到，将是一个人最重要的优势。法律是调整复杂的社会关系的产物，社会关系有多复杂，法律实践需要的知识就有多广阔。精通法律是必需的，此外还要通晓其他领域，因此，法律人必须具备一种快速成为专家（至少不外行）的能力。

老师说，今天我们就要来做这样的一个挑战和练习。首先要帮助大家从观念上打破对未知领域的恐惧，相信自己能够快速地了解一个领域，其次再寻找可行的方法，应用科学的方法去研究和探究，从而实现付出一定的时间和精力之后成为某个领域的专家（至少不外行）。

课堂上的我们充满好奇，正不知老师葫芦里卖的什么药的时候，老师把班上的同学按照学号分若干个小组，同时拿出一张世界地图，给每个小

① 按知识结构区分出来的一种新型人才，用字母 T 来表示他们的知识结构特点：字母 T 的“横”表示广博的知识面，“竖”表示知识的深度。

组分配一个国家，然后要求用两周的时间以小组为单位提交一篇不少于 3 万字的所分配国家研究分析报告，最后由每个小组派一个代表到讲台上做演示。

在本科生的年代，尤其是大一，对 3000 字论文也挺发怵，毕业论文的要求也不过是 1 万字。所以，当时毫无预兆地接到这个任务时，同学们都是发懵的。老师似乎看穿了我们的畏难情绪，又再一次鼓励我们做观念的洗礼，克服恐惧，放手去做，相信自己。另外，之所以分成小组，就是为了避免个人太焦虑，团队互相讨论，共同寻找合适的方法。

我们便在课堂上热热闹闹地把世界“瓜分”了，至今我印象非常深刻，我所在的小组，分到的国家是缅甸。听到这个国家的名字真的非常挠头，似乎除了中学地理课上的寥寥数语之外，没有任何认知。不过那些分到美国、英国等热门国家的小组，也没有感到多轻松。总之，大家对于手头的任务都视为畏途。

然而，只能硬着头皮上，经过了小组讨论，我们确定了较为细致的、具有可操作性的研究计划：首先，初步拉出研究框架，将报告分解成具体的有层次的问题，分头查找资料；其次，将各自的资料汇总、交流，对研究框架进行肯定、补充和修止；再次，进一步查找资料，完善框架提出的问题；最后，由一人执笔，按照讨论的框架梳理问题、组织材料并润色成文。

经过互联网上忙碌的检索，穿梭于那个城市各大学图书馆、市图书馆查资料，几次小组会的讨论交流，我们最终圆满地交了作业。

两周以前，我们对缅甸一无所知；两周之后，说到这个国家的自然概况，经济发展，社会、政治制度，风土文化等，我们能侃侃而谈了。经历了这个过程，我真的对自己刮目相看了。总结起来最大的收获是，如果有研究目标，有方法，有信心，并付出时间和精力，即使从零开始了解一个陌生的领域，也并非多么可怕的事情。

很庆幸，在上大学之初，我们有幸遇到“王 sir”这样的老师，体验到这种研究式的学习，这与之前高中的应试学习方式非常不同。此后，我们也经历了类似的各种训练，逐渐建立起来一种自信——我可以通过自己的研究去尽可能地学习、掌握更多知识，从而了解一个陌生的领域。

后来，因为所从事的工作也是个“杂家”属性较强的职业，再结合工作中的实践经验，对于如何在深耕一个专业之外，迅速地了解其他领域，亦即通过研究式的学习，成为一个“T 型人才”，有了更多的思索和心得。

一、时刻带着研究意识

一个领域之所以对我们而言是陌生的，是因为我们对这个领域的知识是未知的。但是，未知的知识通过学习是可以变成已知的，所以如果说未知在彼岸，望洋兴叹是毫无用处的，可行的是努力搭建一座桥梁，而这座桥梁就是研究式学习。研究式学习是一种充满好奇的、主动的、目的明确的学习和体验。当好奇时，就会有问题，有问题时就会想要进行探究和寻找资料，自然地便踏上了这个研究和学习的旅程，然后，越来越多的未知就会转化为已知，越来越多的陌生就会逐渐变成熟悉。

二、如何激发好奇

有的人是天生的“好奇宝宝”，有的人却不那么好奇，或者不知道好奇什么。如上所述，研究始于好奇，那么如何产生好奇，可以做一个角色扮演的游戏——想象你是寻根问底的苏格拉底，关于这个陌生的领域，先问自己几个问题。一边回答，一边追问，一人分饰两角，先对已有知识进行判断：现在掌握到了什么程度？目前这个程度的话，需要再付出什么样的努力？需要进行文献检索和阅读。阅读之后呢？进行识别和判断。识别什么，判断什么？这就是所谓的“去粗取精，去伪存真”……

三、像内行那样去思考、去行动

接触一个陌生的领域，了解的知识多少不是最重要的，最要紧的是方法一定要对。缘木求鱼的故事就是一个生动的注解。我们常常会看到“像 ××× 一样去思考”这样的句式，当想了解一个陌生领域时，要先观察这个领域中的专家的工作方式。我有一位语言文字专家朋友，一开始有这方面的问题我就去问她，每次她都是先给出一个意见，然后说稍等，再拿出《新华字典》或者《现代汉语词典》查一查，严谨地验证之后，得出结论。此后再有这方面的问题，我就不再麻烦她了，因为我知道虽然我不是语言文字专家，但是我知道如何能够得出专业的语言文字工作者级别的结论了。

四、知识的体系化

体系化不仅代表深浅，更体现了知识之间的有机联系。我们说如何了解一个陌生的领域，先明确一下这个目的——了解，怎样叫作了解，需要达到什么样的水平，比如最基本的，对于这个了解的对象，应该有一个体系性的认识。就像我们要认识一只大象，不能只说柱子一般的四条腿，也不能只说扇子一样的两只耳朵。而是既要从整体上看到一只大象，又能从各个部分认识。部分与部分有联系，部分与整体有联系，这种有机的联系是体系性认识。在这个信息爆炸的时代，查资料本身不是最困难的，难度最大的是对资料和信息进行思考、处理和加工，形成体系性的知识。不然，就应了那句流行语：行万里路只是邮差，读万卷书只是优盘。

五、如何建构体系

上述知识的体系性举例的是一个整体与局部的关系，这只是体系的一种。体系的本质是有机的联系。有各种各样的联系，比如时间的前后，这个事物以前是什么样的，现在如何，未来呢；比如空间的关系，这个事物在美国怎样，在日本怎样，在国内怎样；比如原因与结果，这个事物为什么会这样，如果改变一些变量会怎样；比如相似与相异，这个事物与什么相似，这个事物与什么不同，相似之处、不同之处有什么价值；比如抽象与具体，这个事物是什么原理的表现，这个原理还可以表现为什么，彼此之间有什么启发；等等。依据不同的逻辑切入就能建构出不同的体系，而最终要建构出什么体系，则需要结合研究目的来决定。

六、知行合一

网红台词说“听过那么多道理，却依然过不好这一生”，几乎所有领域只要不是纯粹形而上学的，都还是需要实践的。知识可以学习，但是在应用的时候，如果把所知道的东西抛在脑后，那知识本身是没有意义的。如果我的交规考了 100 分，我对汽车的构造和运行原理了如指掌，我脑海中能够预演出熟练开车的每一个细节和动作，关于驾驶的知识我能讲得头头是道，但是，我从没有独立开出 1 千米，那我真不好意思说我了解驾驶这个领域。

知识管理新思维

> 知识管理，功在日常，利在日常。

众所周知，法律职业是一个知识密集型的职业。对于同属法律职业共同体的法律人，比如律师、法官、检察官、法务……尽管不同职业，但存在一个相同的褒奖之词——专业。何为专业？通俗地说，便是法律职业从业者掌握并能够利用丰富的知识和经验来应对、处理各种问题。

这些知识和经验来自哪里？

它们的载体是什么？

表现形式是怎样的？

是一次性使用，还是沉淀下来，可以多次重复使用？

是一个人使用，还是可以进行标准化，惠及多人？

是静态的储存式的，还是可以及时更新传播的，动态的、流动式的？

……

这些看似卑之无甚高论的问题，其实涉及了一个大的主题：知识管理。近年来，法律人的知识管理是一个新兴的热门话题，“知识管理”是一个没有天花板和篱笆墙的概念，除了回答上述提出的一些疑问之外，还有很多的方面值得探索。此处暂不对知识管理这个主题做非常深刻和全面的解读，只结合法律写作介绍一些知识管理的规律和切实有效的操作方法。

首先对法律人的知识管理简单做个界定。法律人的知识管理是对于输入的和存量的知识进行管理，即对于内、外部知识的获取、总结、梳理、储存和调用进行管理和利用。

实际上，我们对于知识的管理无处不在，方式也各种各样，做笔记、存模板、存档案等，但是这些只是非常简单的部分，接下来，我将谈一谈如何坚持高标准地进行知识管理，以及其显而易见的价值和水到渠成的收获。

这个高标准便是“以成书标准来做知识管理”。为什么是成书标准呢？因为书是知识呈现和知识沉淀最严格、最规范的方式。写一本书可以是一个目标，同时，也可以是一种思维。

一、充分利用文献与对知识进行内化

众所周知，出一本有价值的专业书必须尽可能地占有最为广泛和丰富的文献，然后对其进行研究、梳理和提炼，了解真实的问题所在。这种文献研究、梳理和提炼，是一种对现有知识的浏览、归拢和总结。因此，如果以成书的文献梳理标准来进行知识管理，则对于平时的知识就需要有相关的处理和加工，比如写综述文章，对知识进行归纳、整理等，从而将知识进行重述并转化为自己的知识。

法律职业作为知识密集型工种，从业者必需的技能是学习，并保持不断地学习。法律职业者要始终关注各种知识源、信息源，比如新的规范性法律文件的发布与理解，典型案例的裁判规则，新出版的图书或发表的文章中前沿的理论、实务动态以及新趋势、新发展，等等。

在碎片化阅读时代的“松鼠症”，是说我们常常像小松鼠一样，看到信息就收藏，但是也止于收藏，因为很多时候收藏之后并不会看，到用的时候，也记不起曾经收藏过。这种简单的关注，是最初级的“利用文献”，如果建立了相关索引，后续使用，可即用即调，便有利于工作的开展。

同时，还有更高要求的进阶级别的“利用文献”，也就是成书（写作和出版一本书）要求的文献梳理标准，要穷尽性地占有资料，且时时把获得的知识进行主动地甄别、梳理甚至完善，以点带线，以线带面，对知识进行融会贯通。

这种知识管理要求关注并主动及时地对知识、信息进行阅读、梳理、总结，在此基础上进行知识吸收、知识更新和知识拓展，从而提升自己的专业水平，保持自己的专业水准与理论和实践的发展同步。这个过程，可以概括成一个词——“知识内化”。无论是从书本上学习，还是“三人行必有我师”式地实践性总结学习，都可以经过内化，化简单的堆砌为有效的知识管理。

二、书的逻辑性、体系性要求与文档的管理规则

一本专业书对内容最基本的要求是，有一定的逻辑性和体系性。逻辑性和体系性，在一本书中的表现，就是以相对完整的有关联关系的结构将一个主题阐述清楚。这点应用到知识管理中，主要反映在对文件夹、文件、文档等的分类。

在网络时代，不管是普通的 office 系统，还是其他各种为办公效率开发的软件工具，将文档、文件、文件夹等进行分类都是一个听起来似乎特别日常，没什么技术含量，但是在实践中却是非常有用的技术细节。

科学合理的分类，涉及总的分类，以及具体知识的点、线、面。总的分类可以有横向和纵向两种。

横向的分类，是针对具体的主题建立文件夹，比如建立一个文件夹，叫作“知识管理”；二级则可以按照具体主题涉及的内容进行分类：公司法、房地产、建设工程……

纵向的分类，是针对具体的主题进一步细分结构，这种结构自身需成体系，且彼此之间有一定的关联。比如，就公司法，可以按照公司法的案由进行分类，也可以按照法规、案例、范本进行分类，还可以按照公司的从无到有、从有到无的逻辑分类，等等。

以上的例子是随机示意，未必果真都是如此，具体到每个人要结合平时业务关系、知识来源、积累方式，以及自己所需等，一般对具体的主题设计两层文件夹即可，横向和纵向分类主要在文件夹层面，具体的知识则需要以文档形式装到各个文件夹中。分类层次太多会累赘，太少又无法做到有逻辑、有体系。因此，应该根据实际需要找到适合自己的知识管理分类方式。

另外，还有个细节需要注意，那就是文件的命名方式，要建立起一套自己熟稔于心的命名规则，如将关键词设为“前缀”或“后缀”，这对于知识的积累、调取和查询关系重大。

这种分类和规则一旦形成，沿着这种路径进行知识积累、内化、拓展，并在实际中使用升级，有效管理，日久天长，逐渐会发现，每个主题文件夹点进去是子文件夹，就像一本书的章节等结构，而随着知识的一边积累，一边拓展，在构建自己的知识体系的同时，管理中沉淀下来的知识特别有一本书的模样。

三、书的严谨性、严肃性与知识管理中知识的精确程度

知识的本质是内容，其有很多载体，所谓管理，是在不同的载体间进行重新输入和输出。

比如，对于个性化的知识、经验来说，人的大脑可以说是载体。而口述时，语言是一种载体。写作时，文档是一种载体。出版时，书是一种载体。

书是一种白纸黑字的形式，是一种不方便修改的方式。尽管从本质来说，都是内容，但是纸这种介质，还有铅字印刷，是有形的、权威的，有一种仪式感。且就质量管理来讲，图书的质量要求是最高的。图书出版本身经过更多的审核和质量控制，内容表达也更严谨。所以这种形式是要求最高、最严肃的。

先不说，一篇公众号推送的文章写的某个观点被另一篇文章援引，在注

释时写——某某著，某文章，载某某公众号——尤其如果这个公众号名字还比较网络调侃风的话，是怎么不严肃的画风，就说内容推敲上看，如果没有严谨的自我要求的意识，内容常常会比较随意。我因为常常审读书稿，形成了严谨地看待法律文章的“职业病”，放眼望去，常常觉得很多内容需要再加工，值得优化和完善，从而再储存。

如上所述，**书是终极的表现形式**，而如果在其他载体、其他介质上的内容，也以成书这样的标准来要求，严谨、求真，那水准势必是高的，建立起来的知识管理成果势必非常扎实。

就严谨性来说，文字形式是比较正式和可靠的。通过写作，将大脑中的知识输出为文字，形成文章。写作就像思维的体操，写作训练提高思维的缜密程度，促进知识的深化、系统化，同时，知识的深化、系统化又依赖写作表达出来。杨立新老师在一次讲座中曾说，写作技能，就像是女孩子穿的漂亮裙子，在人群中一眼就能看到它。因此，写作是一项法律人必备的技能，是一个要尽早掌握并坚持锻炼的技能。

以书的严谨、严肃性作为标准，在实际的知识管理中，简言之，两个层面，一是将知识用文字表达出来，即写出来；二是精确地写出来，不能像口头说的“大概、可能、差不多、或许、大约、可能是”。这样的要求从微观上保证了质量。

如上，从夯实基础、建立框架、精确内容等方面结合最严谨的知识成果——书，谈了谈日常的知识管理。常常有法官、律师朋友无奈地说，很想静下心来，写一写什么主题，写一本书。固然，静下心来写作是一种途径，但是，如果以成书的标准和要求把日常的知识管理做好，那么，每一步都不仅是在通往成为一本有价值的好书之路，还可以建立自己的知识库，随时查询、调用，做一个“活字典”般的存在。

Part 3

法律写作的经验和技巧

法律写作的万能钥匙

对于写作问题，无论是从零到一，从一到二，还是从二到三，用万能钥匙提问法，都能迎刃而解。

如果我们认真审视我们周围的法律写作成果，会发现其中存在着许多问题，比如说对写作目的的无意识，研究的是伪问题，写作结构不够清晰甚至很混乱，行文细节不严谨，等等。

不过，要说最大的一个问题，在于被同一块石头绊倒 N 次，即同样的人反复在犯同样的错误。我把这称作为“一种宿命的写作”，就是今天水平是这样的，明天还是这样的，恒定地保持一个水平，一个风格，且不断地重复。症结就在于对写作规律和写作方法论的忽视或无意识。写作固然并非通过教授就能写好，但是懂得了规律并有意识地尊重规律、应用正确的方法是写作至少不犯低级错误的保障。在研究法律写作的过程当中，我引入了“思维模型”这样的概念，对法律写作的体系进行了全面梳理，并概括出法律写作的 13 种思维模型。这种模型的梳理能够提示写作者对所写作内容的类型有意识，写作时思路清晰，根据不同的写作内容，调用和切换适用的思维模型。进一步思考，13 种思维模型相当于对法律写作体系横向的一个梳理。尽管每一种模型当中介绍了该模型写作的一些要素、思路框架和文章的关键，但是，本质上是一种类型化的、横向的规律。那么一个写作任务，如何从无到有、从有到精，这个写作的纵向过程是怎么样的呢？在从零到一、从一到二、从二到三的写作过程中有什么样的规律？有没有一个方法论的东西将其贯穿起来，就像横向写作的“思维模型”一样？

这个问题我认真地思考了很久。终于在一个夜深人静的晚上，确切地说是2020年2月28日0：02——一个精确的时刻，忽然想通了。这个方法便是提问法，我把它叫作法律写作的万能钥匙。

为什么叫作万能钥匙呢？因为在任何的一个阶段，这个方法都会像一把万能钥匙一样，帮我们打开任意一扇门，解决法律写作的一切问题。下面将结合实例来谈一谈这个万能钥匙提问法。

一、目的：为什么不写，为什么而写

在写作之前，首要任务是以提问法对写作的目的进行明确。有时写作的失败在于混淆了写作的目的和写作本身。

比如，一篇论文写作的目的是提供良好的立法建议，如果在写作之前明确了这个目标，既然目标是立法建议，那么首要的就是弄明白立法现状。有的作者写作时不会想那么多，而是直接从自己研究的问题开始，陈述问题，进行分析，洋洋洒洒，最后落脚到提出制度设计。而实际上，这种制度在立法上已经存在，相当于转了一圈回到原地。为什么？只缺了开始的一个提问。

再如，有的律师作为企业的法律顾问，接到了客户的电话说，请你写一封律师函，律师马上就依照要求写了一封律师函，而并不自问一下，为什么要写这封律师函？其实客户说请你写一封律师函，并不是布置一项写作任务，而是请你拿出一份处理问题、解决问题的方案。如果不用写律师函的方式，比如进行简单的沟通就能解决，也不是一定要写的。这样不问目的，盲目出发，可能会南辕北辙。为什么？是欠缺对自己的一个提问。

总之，法律人的写作不只是写作本身，必然有一个写作目的。在开启写作之前，先弄清目的，才能有的放矢。这个目的会一直贯穿于写作的整个过程，就像风筝的线，掌管收放。

二、从零到一：写什么——发现问题

当明确了写作目的时，对于写什么有两个层次，也是由两种不同的提问而引出的分类：一种是提出明显是问题的问题，另一种是提出似乎不是问题的问题。

（一）针对显而易见的问题进行写作

显而易见的问题可以说是问题的红海，这些问题普遍被认为是需要研究、需要解决的。这些问题的特点是基本没人怀疑它不是问题，比如学术上有争议的问题，实践中存在的疑难问题，社会发展涌现出的新问题。

选这样的问题进行写作，无论是理论研究还是实务操作，就整体风格来讲，都属于务实性的。问题就在那里，通过写作给出解决方案。这种选题和写作也是日常最普遍的。

（二）对司空见惯的现象进行提问

这个观点是受到张巍老师的启发。在组织张老师的读者见面会时，交流当中，张老师不止一次地提过一个观点：每个秋天苹果成熟后都会落地，这是生活中习以为常的现象。但是，只有牛顿问苹果为什么是落到地上，而不是飞到天上去。因为牛顿提出了这样的问题，引发了思考，所以他发现了万有引力。

张老师还举到科斯的例子——公司是我们身边司空见惯的存在，每天都有公司在开张，在关闭，有那么多的公司，但是没有人问为什么要有公司。科斯问了这个问题，并以此进行研究，从而提出了“交易成本”的概念，获得了诺贝尔奖。

对于习以为常、司空见惯的现象进行提问，成果可能是创新。不仅张老师举的例子如此，张老师本人也是这个原理生动的诠释。比如说，关于毒丸，尽管它是一个舶来品，但是对于我们来讲，也不陌生，然而真正被问起来，又会发现自己似懂非懂。张老师写了一篇《毒丸的前世今生》，就是对一个我们习以为常的名词进行正本清源的阐述，令读者大为赞叹。再如，“对赌”这一概念，一传十，十传百，似乎也形成了一种共识。后来张老师提问对赌是什么，而后写作了一篇《硅谷无对赌》，让人惊讶之余感叹，对待习以为常的知识真的应该多个问号。这种对司空见惯的事物提问的方法，本质是一种好奇心，在跟孩子交流中常常会感受到。因为孩子总是充满好奇，他们提出的问题很棒。疫情期间，电视上讲“依法防控是最有力的武器”，孩子问，为什么依法防控是最有力的武器？我想我就那么一听，都不会问个为什么，而当孩子真的问起来，我发现这是个好问题。好的选题在好奇的提问中产生。有一次跟一位朋友聊天，他问我，什么是跑？我第一反应是，这是问题吗？第二反应是，不知道该怎么回答。我说，走得比较快的就是跑呗！他问，有多快？的确，如果用快和慢来定义跑和走，势必是没有办法定义的，因为快和慢本身就是不精确的词。

后来他告诉我，走就是保持一只脚在地上，另一只脚离地的运动状态，而跑的话，有两只脚同时在空中的状态。我饶有兴致地跟另一位朋友聊这个话题，他说那位朋友说的也不对，两脚同时在空中的运动状态，也可能是跳。的确是这样，后来我查了查词典，《现代汉语词典》上“跑”的释义是“两只脚或四条腿”迅速前进（脚可以同时腾空）。这是不是最佳答案，在这里不予评判，但是他的这种提问方式给了我很大的启发。会提问本质是因善于思考，通过提出一个好问题，再去回答它，就有可能是写作的创新。提问题是写作的从零到一。从零到一，是人类思考的一个优势，是一种发现问题的能力。人工智能，包括写作机器人，它可能拥有很多的储备，它计算得很快，能进行很强大的处理，但是如何提出那个问题，那个从零到一的问题，这种发现问题的能力，它应该不具备。从这个角度说，人工智能不可能完全取代人。言归正传，一个好问题，胜过十个好答案。在不知道写什么东西好的准备阶段，提问法可以帮助我们找到真实的、有意义的问题。

我按照这种方法去提问，什么是我周围习以为常的事情？是法律写作！

我们每天的工作都与法律写作有关，但是如果问什么是法律写作，法律写作的体系是什么？忽然发现，这些都是好问题。

三、从一到二：建构一个体系

找到一个问题，实现了从零到一，接下来，是从一到二。从一到二意味着从题目到体系。建立一个体系，需要一套自洽的逻辑，这套逻辑表现为一系列互有关系的提问。可以从时间的、空间的、横向的、纵向的、比较的等各种角度去提问。提出的问题之间可以是并列关系，递进关系，先后关系，因果关系，正反关系，抽象与具体关系，等等。

关于这个写作思维过程，国外有不少研究成果，如黄金圈法则、MECE法则（Mutually，Exclusive，Collectively，Exhaustive）、SWOT分析法（Strengths，Weaknesses，Opportunities，Threats）、SQAR（Situation，Question，Action，Result）等。之前看到这些眼花缭乱的缩写，我就想努力思考有没有笼罩力更强的、不用记这么一堆名词的、更简明的方法论，终于发现这些都可以进一步归宗到提问法，这也是称提问法为“万能钥匙”的原因之一。举一些简单的例子：是什么，为什么，怎么办，这三个问题之间的逻辑是一个从认知到应用的递进关系；以前如何，现状如何，未来如何，这三个问题之间的逻辑是一个从古至今的时间关系；先做什么，再做什么，最后做什么，这三个问题之间的逻辑是做一件事情的程序关系。

总之，当确定了一个题目后，我们根据不同的逻辑，可以提出不同的问题。根据不同的问题，建构不同的体系。

再以我写的“法律写作”为例：法律写作是一个比较重要的、但是并未受到足够关注的话题，因此我想写一篇关于这个话题的文章。如果以递进关系为逻辑，我可以这样提问题：法律写作是什么？法律写作有什么规律？怎么进行法律写作？怎么提高法律写作水平？（如下图）

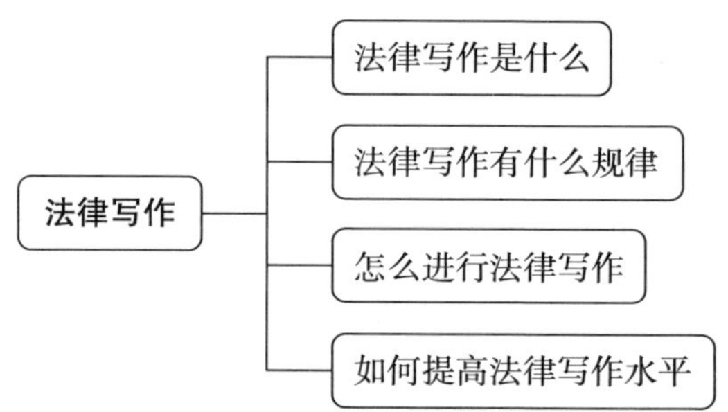

以并列关系为逻辑，我可以这样提问题：法律写作与思维是什么关系？法律写作与言辞是什么关系？法律写作与技术是什么关系？法律写作与知识管理、品牌和影响力是什么关系？（如下图）

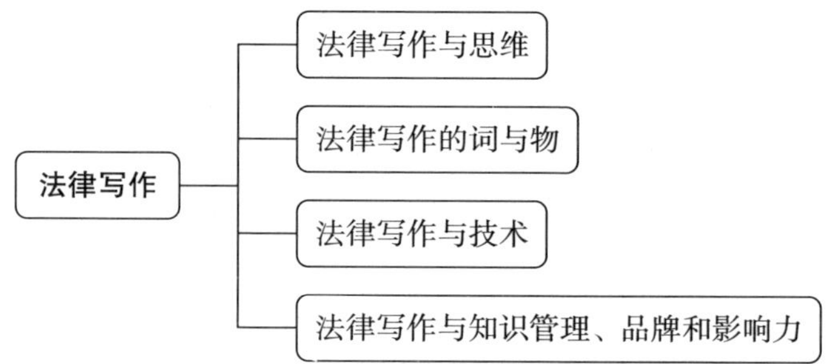

以程序关系为逻辑，我可以这样提问题：法律写作先做什么（选题），然后做什么（查找文献），再做什么（谋篇布局），又做什么（行文），最后做什么（修改）。（如下图）

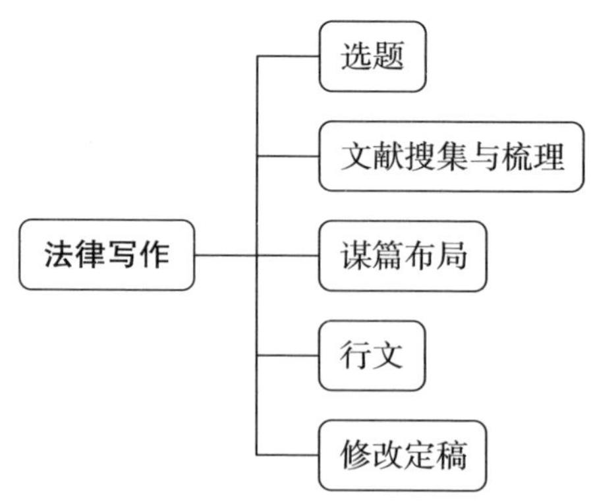

以上是几个例子，还可以根据不同的逻辑进行提问，确定不同的体系，当确定了体系，也就是写作的大纲。如果把写作比喻为盖一幢建筑，那么现在形成了四梁八柱，建筑的大轮廓就形成了。

可见，根据不同的提问方式，将设置不同的体系，根据不同的体系，我们能写出不同的文章。有很多种建构的方法，那么到底要选择哪种？写作的目标是什么？

如前所述，关于目标的提问贯穿于整个写作始终，它就像风筝的线，不至于让风筝随风跑掉。当不知道写什么的时候，用提问法来寻找思路；当思路太多的时候，用提问法来匡正思路。可见，提问法无处不在，它提醒我们，启发我们，也约束我们。

以上是提问法在从一到二的写作中的应用，体现为建构的能力。

四、从二到三：诠释这个体系

从不知写什么到确定一个好题目，从选择了一个好题目到建立一个富有逻辑的体系，从一个富有逻辑的体系到写出具有翔实内容的文章，这就是整个写作从零到一，从一到二，从二到三的过程。

以上讲了前两步，第一步选题，第二步建构，接下来第三步是诠释。前两步都是提问，第三步诠释是个回答问题的过程。

当然，在回答问题的同时还可能引发出新的问题，那么就要选择哪些问题是这项写作任务中需要回答的，哪些是可以暂时搁置的。这里又要提到“风筝的线”——写作目的。

将提出的有必要回答的问题一一漂亮地回答，对于一个简单的写作任务来讲，这个过程可能只是将第二步的问题回答完毕，写作任务即完成。对于复杂一些的写作，还需要不断地提问，不断地复制上述建构的过程，层层进行子框架的搭建，并对每个层次的子框架进行诠释（回答）。最低层次的子框架就是最后的最具体的问题，将其回答后，就形成写作中的最小任务。这就是诠释的样板，由观点和论述组成。它就像建筑中的预制板，一块块地搭建起来，建筑便建好了。

所以诠释的过程，就是回答问题，针对引出的问题再进行回答，这样最后得到一个完整的体系。

还是以法律写作为例，上述建构的第一种体系在诠释过程中还会产生新的问题，那么再针对新的问题进行回答，提问—回答中，进行体系的充实。（如下图）

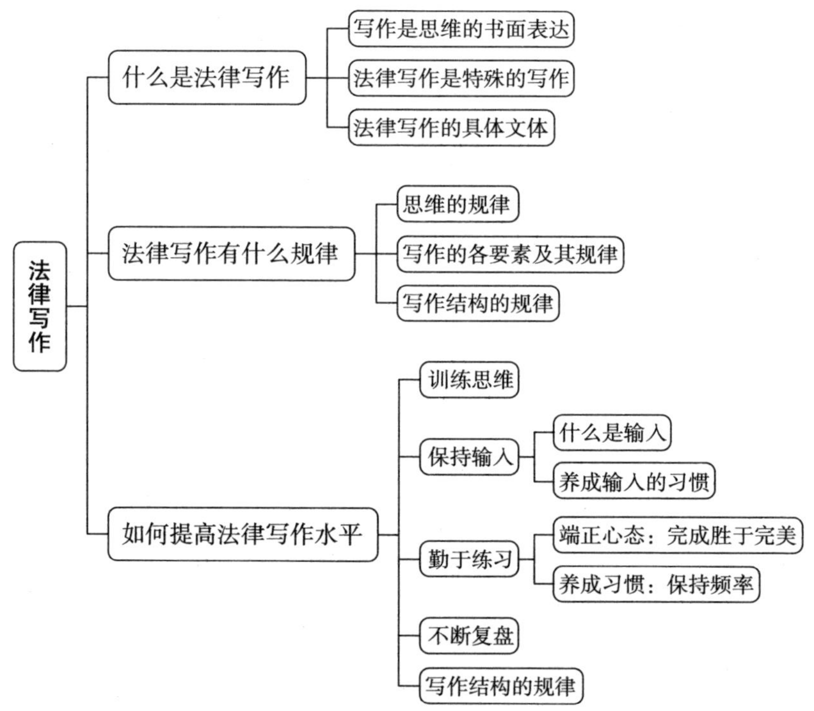

上述建构的第二种和第三种体系，则是同样道理。（如下图）

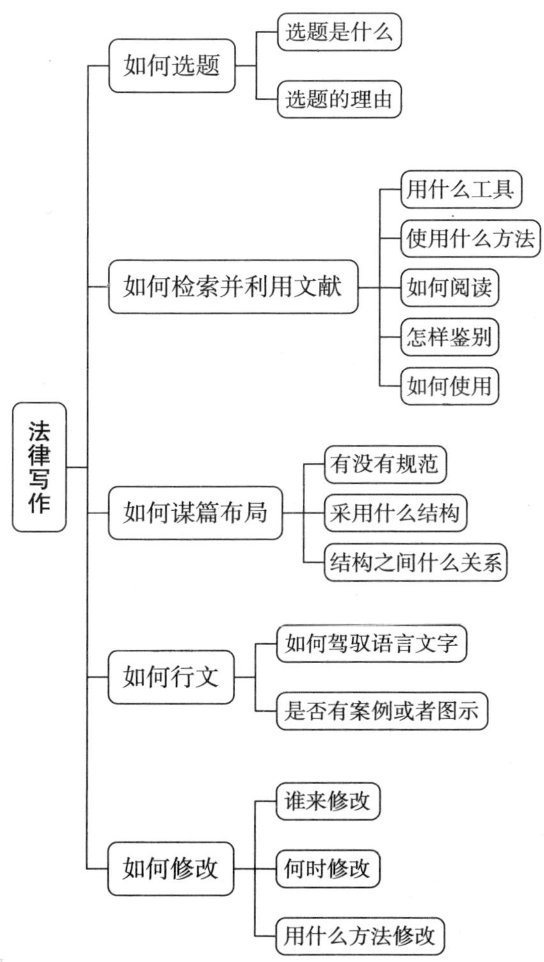
法律写作
如何选题
选题是什么
选题的理由
如何检索并利用文献
用什么工具
使用什么方法
如何阅读
怎样鉴别
如何使用
如何谋篇布局
有没有规范
采用什么结构
结构之间什么关系
如何行文
如何驾驭语言文字
是否有案例或者图示
如何修改
谁来修改
何时修改
用什么方法修改

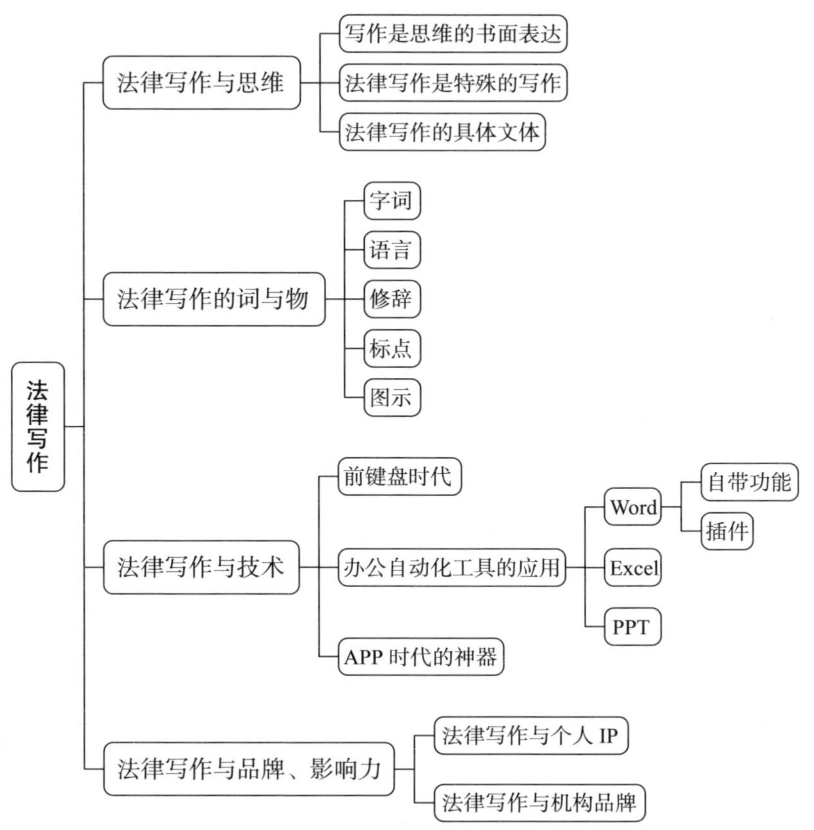

通过不同的提问方式，我们建构不同的体系。基本不会因为没的可写而发愁，只是根据需要选择最合适的问题并去回答，从而得到一个完整的体系。

不同的写作，诠释的任务是将这些节点的问题一一进行回答，那么完整、充实的体系就形成了。

同时可以对照本书的目录来观察本书的体系，即我来写“法律写作”是这样的体系。以上几种信手拈来的体系如果写成书的话，我也是可以完成的，不过是另外的书和写法而已。举这样具体的例子，可以帮助写作者打破“别人都写了，我没法写了”的心理魔咒。写作的最大障碍并不是写不好，而是不敢写。“万能钥匙”可以解决一切写不好的问题，但是对于“不敢写”还是需要从心理上去克服。

五、批判和修正

经过选题、建构和诠释，写作的初稿基本形成了。接下来重要的一步是检查。有人说好文章是改出来的，的确是。如果初稿是毛坯房，修改就像精装修。同样，这个阶段，提问法还是所向披靡的神奇大法。检查阶段面临的两大问题是：谁来检查？怎样检查？

（一）个人检查与交叉检查

根据由作者自己检查和由作者之外的他人（也有时是软件）进行检查两种方式，分为个人检查法和交叉检查法。

不识庐山真面目，只缘身在此山中。个人检查法是最基本的，但是由于作者抽离出一个检查者的角色，实际上是较高的要求，是一个需要不断地练习才能得以精进的能力。所以，最好的方式是两者相结合起来，即先邀请他人进行批评指正，作者认真考虑他人提出的意见和建议，使自己受到启发，同时也针对他人的意见和建议有选择地进行接受和吸收，再进行修改。这个过程既锻炼作者的检查能力，同时也能完善具体的写作成果。

无论我们是作者，还是“他人”，在面对一个稿件的时候，从哪些方面进行检查，这是一项技术。对于“哪些方面”这样的提问，是检查方法的精髓所在。其本质是一种批判性思维，需要善于对初稿进行存疑，提问“对不对”“是不是”。

（二）检查清单

回答好从哪些方面进行检查，便是解决合理存疑的问题，这个问题回答得越好，就越可能得到一份完美的法律写作检查清单。这个清单将非常有用，是诞生经得起推敲的内容的必经之路。

以下列一份我个人建议的检查清单，写作者可根据具体情形参考进行大致的或细致的检查。

检查清单

格式

1. 模板：调用的模板对吗？模板中填写的内容跟处理的事实吻合吗？

2. 内文格式：字体、字号对吗？标题顺序连贯吗？页眉、页脚对吗？颜色对吗？

内容

1. 事实：作者有遗漏吗？署名对吗？介绍对吗？当事人的信息对吗？法院信息对吗？

2. 标题：标题拟得好吗？与阐述的内容对应吗？标题整体的风格一致吗？

3. 字词：有错别字吗？有多字、漏字吗？术语准确吗？

4. 语言：风格统一吗？有语病吗？有歧义吗？冗余吗？有不充分吗？有更好的表达吗？

5. 标点：标点符号对吗？

6. 结构和逻辑：结构平衡吗？详略得当吗？内容太多的要删吗？内容太少的要加吗？各部分之间的逻辑顺畅吗？各部分有冲突吗？有重复吗？

7. 引用：引用的内容标注出处了吗？标注的信息准确吗？引用的法条与权威文本一致吗？是现行有效的吗？与所适用的问题吻合吗？引用的案例的案号对吗？案例是生效的终审判决吗？案例的案情概述总结得对吗？案例的当事人是否需隐名？

8. 观点：结论有依据吗？依据靠谱吗？建议可行吗？

9. 数据：数据有权威来源吗？数据的计算对吗？数据是哪个时间统计的，需要更新吗？

10. 图片：图片有授权吗？清晰吗？适合打印吗？

以上罗列了 12 条，这个清单在写作的检查中可以进行升级，检查的过程可以对照检查清单进行提问和验证，也可以根据检查经验纳入或移出清单的内容。提问、验证，对存疑之处进行查证核实，对的维持，错的改正。通过清单进行检查可以把这个看似简单但十分重要的步骤做得更有效果。以上是提问法在写作过程中的应用，可以说渗透在每个环节。写什么，怎么写，怎么改，写作是思考的艺术，写作也是实践的艺术。而提问法，启发思考，推动实践。

写作的心理建设锦囊

> 心态，很重要。

一位朋友听说我研究法律写作时，没有直接泼凉水，但是很委婉地对我进行了劝退，直白地说，意思应该是：那些写得好的人不需要看这样的内容，而那些写得不好的人，看了也没用。

我能理解他的意思，他的观点也有一半是对的，写作作为一种实践和行动，如果只是看“什么是好文章，如何写作”并不能一劳永逸。对于认知性的知识学习，学习了、理解了，就知道了；但是，对于法律写作，如果只是心里明白了，手不会，并不是真正的会。如果仅仅知道方法，而不能勤于练习，就会如流行语所言“一学就会，一做就废”。

但是，我并不同意他的观点，他理解的写作被我称为“宿命式写作”。这种写作广泛地存在着，表现为同样的思维一直在持续，同样的错误一直在犯。因此，我为“法律写作”这个话题付出诸多热情和努力，目标一是启发广大写作者，有意识地重新审视自己的写作成果，认识到问题、方法和规范；二是把“法律写作”当作科学和艺术的结合，既按照科学的方法、规范的要求进行写作，从而不断提升、不断精进，也捕捉写作者的灵感，发挥创作者的创新精神，繁荣法律写作成果。

一、对写作的问题有自觉，拒绝宿命式写作

宿命式写作本质是对写作的方法、要求和标准毫无意识，且自我感觉良好，犹如希腊神话中的纳喀索斯，陷入对自己文字的欣赏和崇拜。

先讲个真实的小故事。有一位朋友，她从小到大都有良好的写作习惯，书面表达能力也很强。刚开始做律师后，她和我见面诉苦，原因是每次写的东西都被老板各种改，有用词还有格式的改动，这些改动一般没有实质意义，只是换成了老板习惯的表达。有的明明是通顺的句子，改后佶屈聱牙，有的简洁的句子，改后重复累赘，美其名曰杜绝歧义，而原本简洁的表达并没有歧义。甚至严格从规范讲，有时还改错了，如一定要把“1.”改成“1、”之类。她说第一次委婉地提醒了老板，老板固执己见，以后知道“规则”了，便遂老板心意。

以上这位老板属于典型的“不是因为正确而有权力，而是因为有权力而正确”。实际上，法律写作成果有时并不仅仅代表个人，有时代表写作者所供职的机构，但是写作任务必须由个人执笔来完成，如果写作者对值得注意的问题没有自觉，陷入了宿命式写作，会严重影响法律写作成果的质量。

我自己在执笔公文、文书时，常常会想到朋友讲的这个故事，常常警示自己要“忘我”，当有机会去评价别人的作品时，也警示自己要更注意客观标准。

二、法律写作水准的要求必须高于普通写作

法律是由国家强制力保障执行的，我们普通人写的张三该死，是一句诅咒，判决书写的张三该死，那是真的要张三命的。

任何进行法律写作的作者，需要进行的必不可少的心理建设是，要以最

高的水准来要求法律写作。什么是最高的水准呢?

首先是依法写作，这里的法是广义上的，具体可参见本书中的《法律写作不可不知的规范依据和标准》。其他写作可以是“我手写我心”，法律写作必须不能突破法律。

其次是可以参考出版（发表）的要求，因为出版（发表）的要求流程上有“三审三校”，内容上从导向到知识性问题，语言、格式规范等都有非常高的要求。所以，对于法律写作成果也建议写作者可以参考。质量控制流程上“三审三校”严格了点，写完后校对一遍是必需的，内容上要有高标准高要求的心理准备：一是拒绝剽窃；二是内容不违法；三是不能有知识性错误，言出必有据；四是语言严谨规范；五是格式规范，标点、数字、注释等都符合规范。

三、完成胜于完美

以上步骤对心态要求非常之高，但是不必心生恐惧。有些人担心自己写不好就不写了，或者写到一半不满意就放弃了。接下来的心理建设锦囊就是“完成胜于完美”。

写作是一个系统性的工程，需要有持续输入，否则巧妇难为无米之炊；需要有深度思考，否则内容不够“有机”，即不成体系，没有逻辑。同时，写作是一种输出，也是一种过程，是持续性的，不是“一写而就”、一锤定音。写作者不用给自己提出过于完美的要求，因为一开始不太可能完美，所以也不要太在意，不能停留在一个段落或几个句子，裹足不前。

举个生动的例子，写作就像是在织布，要坚持产出，后续才有裁剪余地，如果停止，就连裁剪的原料都不存在了。对于一篇文章可以先完成，再反复推敲、修改，追求完美。

对于长期写作能力提高来说，也不必因为一篇写得不满意而放弃，写作对于思维的训练，如同健身对于肌肉的训练，富有美感的文章和美好的身材一样，都在每一次坚持“完成”中日积月累。

四、DDL 是生产力

完成胜于完美，如何完成？DDL（Deadline，最后期限）是生产力。DDL 不仅是生产力，而且是第一生产力，是克服写作拖延的良药。

我曾经答应开一个周更的专栏，专栏每周四上新，周三的时候需要留一天进行内容编辑，所以必须在周三早上上班之前交稿。专栏设置是 12 期，那三个月是我作为一个业余作者，写文章更新最有规律、最有效率的一段时间。记得非常清晰，一周当中的其他几天，打开一个空白文档，写下几行，思路总会被各种打断（也可能是从心理上觉得还有时间），但是每个周二的晚上，从 9 点钟开始，接下来两个小时左右的时间，开始按既定的计划写作，文思泉涌，12 点之前写完、校完，如释重负地去睡觉。第二天一早发给编辑。后来，一周中的其他时间干脆不写了，就定每个周二的晚上 9 点开始。

专栏完成后，没有了必须要交稿的压力，我的更新周期便又“放飞自我”了，尽管我自己定下还像过去的几个月那样每周二晚上写作，但是并不灵验。后来，我信誓旦旦地跟一个朋友说了另一个写作计划，拖延终于又缓解一些，因为有种“说都说出去了，可不能掉链子”的压力。

这个经历一方面是说明 DDL 的魔力，另一方面也说明给自己一点压力是可行之道，我的“公布于众”的做法，对于喜欢“默默地耕耘，然后惊艳所有人”的人可能不适合，但是每个人可以选择适合自己的方式。

法律人的写作，心理建设是个起点，良好的起点是成功的一半，做好心理建设，就开始吧，坚持，笔耕不辍。

四维选题法

> 从四个维度进行提问，再不愁没的可写，以下是万能钥匙提问法的具体应用。

写作是法律人安身立命的技能，多写多练是提高写作技能的不二法门，但是常常有人困惑不知道该写什么。

写作是传递信息、知识、经验，表达见解、观点、思想。我们先来观察作为法律信息、知识、经验、见解、观点、思想凝结和沉淀的，集法律内容于大成者的法律图书，仔细观察会发现，法律图书有个普遍的分类——学术专著、法学教材教辅、文集、实务书、工具书、普法书、考试书、法律文化书等。

最初了解到这个分类时，我是豁然开朗，觉得这个分类好丰富！因为在此之前，说到法律人的写作，第一时间想到的只是学术论文、专著和法律文书。而彼时看来，可不止于此，其外还有那么多的种类，可写的类型真是多。

后来，读的书多了，见的各种各样的内容也多了，渐渐觉得这个分类其实不仅不够丰富，而且有很大的局限。生产端上对法律知识不知不觉地形成了这样一种分割，并囿于这个分割进行产品加工（图书也是一种特别的产品）和包装。于是，书架上的大多数法律图书有时一看封面就大约知道被定位到哪个类别了。几个色块的是工具书，颜色鲜亮、花里胡哨的是普法书，几何图形、沉稳风格的是实务书，或典雅简约或呆板严肃的是学术书。

对于大多数读者来说，法律图书的分类与阅读的目的相关，并不会在意产品形式上这样的引导。使用时的分类也并不是那么严格和多样。从读者阅读的功能和目的来看，法律书无非主要是两大类：交流思想的——传达知识和信息，分享思想和洞见；实用有用的——解决实务难题，指导实践如何行动。读者如果不在意这种分类，似乎也并不会影响阅读选择。

因此，从法律内容的生产端——作者可以写什么来看，作者既可以参考法律图书的分类，同时也可以不局限于这种分类，以此为起点，寻找更多种启发。在对可以写什么进行有益的探索方面，提问法仍然是个好方法。

一、写给谁——读者群体定位的分类

对象感是法律写作永恒的要求，对于“写给谁”的答案要一直回响在法律写作者的耳边。另外，一篇文章的写作进行对象定位也许并不难。重要的是，还要有长远的有意义的打算。

写作如万丈高楼平地起，在一砖一瓦的工作之间，心中不能没有万丈高楼。我在讲述法律人如何做好日常的知识管理相关的文章中曾分享了日常的写作与成书要求的关系。在思考写什么的时候，也可以从图书读者群体的定位出发。图书根据读者不同可分为工具书、学术书、实务书、普法书、教材、考试书、人文类图书等类别。工具书针对范围比较广，就像基础设施；学术图书主要针对科研人员；实务书针对专业人士内部应用交流；普法书针对非法律专业人士；教材针对教学或培训；考试书针对应试考生；人文类图书针对无功利的阅读。

这样的分类使得写作者在写作之初就非常明确写给谁，结合受众的特点不仅仅是有针对性地进行写作，而且是持续性地、保持风格地进行写作。

二、什么写作类型——根据表现方法的分类

法律写作的表现方法从大的方面来说，有虚构和非虚构两大类。虚构类如法庭小说、侦探推理小说、律政剧剧本等。这类写作从文学角度上，可以归为“类型文学”。目前法律虚构类写作在我国并不是很发达，但是在未来，极有可能成为法律人的一个很有潜力的写作领域。由于法律专业知识的门槛所限，一般的作家很难跨越专业的壁垒，而法律人有专业优势，有经验优势，正好遇到擅长文学创作的，真有无限可能。这方面有很多优秀作品是法律人虚构创作、职场故事创作的好榜样。

非虚构类，表现的方式也非常多，除了日常真实的处理案件过程中的写作，研究中的文章写作之外，还有更多形式，比如，传记、随笔、书信、日记、图解、漫画、问答、对话、实录等均是可以采取的表现方式。

三、什么层次的写作——根据视角的分类

法律写作从不同视角来看，有宏观、微观、中观三个层次。宏观方面一般是理论阐述、制度构建等宏大叙事；微观方面是就问题说问题，就案例讲案例，针对具体的实践和个案提供解决方案，或进行评析。

而这两者中间，既不局限于个案，也不是抽象理论的研究和制度设计，就属于中观层面了。比如，一些规律的提炼，方法论、思维的总结，就都是中观层面的写作了。中观层面的写作非常有意义，因为既接地气，解决问题，又脱离了个别具体问题的局限。这种写作对于沟通学术界与实务界很有意义。只是目前这样的作品也不是特别多，因此也是非常有潜力的一块写作领域。

四、写作的素材有什么——根据材料的分类

根据法律专业的特点，对于法律写作来说，取材大致不外乎法条、案例、文件、文书、表格、方法、原理、理论等。这些材料单独或者组合就能构成不同的写作选题。

以法条为材料，可以进行工具书的汇编，对法条进行解释，将法条进行关联；以案例为材料也特别普遍，案例分不同的层级，如最高院的指导性案例、公报案例，地方法院的案例，以及作者自身经办的案例等；以文件、文书为材料，如法律实践工作留下的痕迹，底稿、范本的制作说明，模板应用，等等。

需要注意的是，本文这些分类更多的是希望写作者能从各种角度构思。不同的分类可以是法律写作的思路和启发，同时不同的分类也可以混搭，这些分类的目的，还是在于启发写作者从不同的思路着手，获得法律写作的灵感。这是一种存在的写作可选性的启发，并不等于随便选择。

写作是个主客观相统一的事情，有这么多种内容可写的同时，写作者更需要扪心自问，自我审视：我能够写什么，我适合写什么，我可能适合写什么。这些问题是对自己能力和潜力的发现和评估。

认识自己，需要从职业方面、兴趣方面、角色方面等回答自己有什么才华、有什么知识储备，写作是一种输出，可以输出已有的，也可以现学现卖（输入、消化、输出），但是不可能写作自己大脑不曾想过的内容。即使虚构的故事，也是想象力和经验相结合的产物。这大概是为什么人们常说文如其人。正如美国诗人、画家、作家娜塔莉·戈德堡所说："写作风格是指越来越强烈的存在感，是一层一层深入地挖掘我们自己，然后诉诸语言，知道我们所写的文字映射着我们的全部，我们身上所有的一切都在支撑着我们的写作。那是让我们赖以立足的坚实基础。就像海明威说的，作家知道的事，即使他不写出来，也会存在于他的作品里。"反之，写作者也难以将他不懂的事情写好。

日常写作：别让那知识和思想的高光时刻溜走

> 如果不记录，就像没发生。

写作有很多的层面，那些把写作看作记录的人常常是对写作充满兴趣和热爱的。写作的基本功是水到渠成的。

一、记录，打下写作的基本功

对于有些人来说，写作是个人兴趣和热爱，如果不让他写作，他会认为这是一种惩罚。王蒙在问史铁生为什么而写作的时候，史铁生回答说，为了不自杀。

不用说很多知名的作家、文豪，只是我们身边也有很多这样活生生的例子。比如我自己，记得读高中的时候，老师都会要求写日记，并且要交给老师。后来经老师特许我不用再交，再一次收日记的时候，老师特别说了我可以不交，一个同学本着很朴素的正义感，义愤地站起来，提出异议：为什么她可以不交？为什么我们都必须交？老师说，因为她即使不交也会写。当时的确是那样的，老师要求交的日记是一周三篇，而我基本上每天不落地都会写。把生活中的各种琐碎、感悟都记下来，把日记当成一种生活的记录。

相信很多人都有这样的习惯，对于拥有兴趣和热爱的写作者来说，并不需要特别的训练和坚持，只是把写作当成日常的一个项目而已。那种基于记录的写作，非常本真、浑金璞玉，没有方法论的意识，也没有刻意练习的觉悟。但是，习惯的力量不知不觉地奠定了写作的基本功。

二、记录是一种坚持写作的好方法

写作就是法律职业的工作方式。学者需要发论文，以体现研究的成果。立法者需要写法条，才能制定法律。法官必须写判决，律师要写代理词、辩护词、律师函、法律意见书，等等。有些朋友常常说自己小时候语文没学好，但是出于敬业，作为一个法律人，写作又是必不可少的。即使没有最发自内心的热爱和兴趣，只要是从事了法律这一职业，源于这个职业本身的要求，为了追求敬业和表现得职业也必须进行写作，修炼写作水平。

日常必需的工作性写作其实可以提供很多记录的素材，而坚持记录本身也会促进写作水平的提高，不仅如此，记录还能让人体会到生活、工作的乐趣。我曾经写作并出版了一本小书，前段时间，闲来无事时，自己随便翻了翻，竟然越看越觉得诧异，因为写作的时候曾表达的一些观点，具备的一些认知，竟然令现在的自己很感叹——原来那时我就能那么看问题了！看着留下的铅字，庆幸多亏当时坚持和勤快，都写下来了，不然还真不知道几年前的自己对那些问题从那么新异的角度去评价过，以至于都不太相信是自己写过的，于是感慨“如果不记录，就像没有发生”。也用这句切身之得鼓励身边的人多记录，多写作。网络上有个流行的调侃，道出的真相与此相似：人生的知识高峰是在高考前，那时上知天文，下知地理，张口唐诗三百首，闭口演算数学函数，物理化学生物门门都懂，文理双全……但是如果不看那时的试卷，不太相信自己还掌握过那么多知识。

三、法律人，别让那知识和思想的高光时刻溜走

法律职业本身是个知识密集型的职业，法律人的从业过程中，常常会有一个个知识、经验、心得等信息的小爆发时刻，那样的时刻是稍纵即逝的。如果默默地任其溜走，过一段时间，真的就像没有发生过。

当然，对于法律人来说，首先是记录，但是不止于记录。

以前一位前辈曾经问我，我们这一生真正能属于我们的是什么，我们能留下的又是什么？我忘记了自己是怎么回答的，但是前辈的答案令我印象无比深刻。他说，我们一辈子属于我们的是经历；能留下的是孩子和文章：孩子继承了我们的基因，文章保留和传承了我们的思想。当我们百年之后，如果说有什么还能追寻到我们的痕迹，那就是后人与文章了。我细品品，确实是。所以当我们正式地介绍一个人的时候，一般都说某某某，哪年生，哪里人，著有啥，等等。可见一个人的作品如同出身一样，如影随形。

也是因为这番对话，我把写作当成一个业余的兴趣，自己坚持思考坚持记录，坚持写作，记录日常，也总结一些法律人思考和写作可操作性的技术，鼓励身边的法律人坚持写作，希望更多法律人捕捉生活和工作中的知识和思想爆发的高光时刻，记录下来，呈现于纸上，留下属于自己的痕迹。

我们活在自己的记忆中，记录让我们在历史长河中获得意义，否则我们与“野火烧不尽，春风吹又生”的野草没有什么不同。

文书写作：要铭记“三板斧”

> 汝果欲学诗，功夫在诗外。

当谈法律文书写作时，我们不能只就文书制作而谈文书写作。法律文书的本质，从用途上来说是一种法律人与阅读对象之间的沟通、表达工具，对个人而言是一种智力劳动成果的交付方式，从宏观角度看，如果把法治比作一座大厦，那法律文书便是每一块砖。

所以，法律文书写作的水平折射了法律人的专业素养和处理、解决问题的能力，记录和承载了法律人的日常工作。法律文书远不止找到模板填写的一纸文书，它背后有要针对和面对的人，有要解决的事儿，有要实现的目的。法律文书写作就是法律人职业场合上的为人与处事。

法律文书写作，至关重要却非常简单的道理至少有三个——所谓法律文书写作的“三板斧”。

一、对象感

法律文书不是自己悄悄写的日记，而是法律职业场合上处理和解决问题的沟通、表达工具，因此写作中一定要有对象感。有个可爱的漫画，是个蠢萌的小白兔用胡萝卜钓鱼，总也钓不着，小白兔自己很沮丧，鱼也很生气。道理是一样的，职业场合中如果像小白兔一样可一点儿都不萌。“钓鱼就要像鱼一样思考”，法律文书写作要考虑阅读对象。

首先要分析阅读对象的角色特点，以有利于阅读对象接受的方式来写作，尽管有些法律文书的抬头是司法机关，但是一定有具体履行司法机关职能的个人来阅读文书。因此，阅读对象的知识结构、个人偏好等都是需要在写作前认真考虑的。比如，交给法院的文书就可以看成律师写给法官的，写作时不必对基本的法律术语进行详细的解释，大家都是学法律的，对什么是邀约、什么是承诺之类的术语说明，不但浪费笔墨，也会让法官觉得啰唆、絮叨，而如果案件涉及另外一种专业领域的知识，且对事实的还原很关键的，比如互联网公司的盈利模式、软件的工作原理等，对基本的情况就应该阐释清楚。同样道理，针对不懂法律的当事人的文书，关于法律方面有时需要进行一番普及，而涉及当事人熟知的内容就可以简略。

其次要理解阅读对象的工作方式。法律文书一般不是遗世独立的，常常是作为工作中一个环节的成果，且环环相扣。如起诉状的部分在法官撰写判决书的“原告诉称”部分可能用得着，律师给公司客户对接人的文书，对接人给领导汇报时也需要，因此，在法律文书写作中，要想到是写给谁的，写的内容在阅读对象的工作流程中意味着什么。法律文书写作是在处理和解决问题，阅读对象处理事务的工作流程和运行规律是什么，也非常重要。

对象感是写作前的构思，写作中的结构和措辞都是要考虑的。明确和理解了对象感的重要性，就会以阅读对象的思维来斟酌考虑进行写作，法律文书的写作就有了个读者视角，这有点儿像知道判卷老师的采分点了，就相对容易拿高分一样。

曾经看到一位律师代理一起拆迁案件的起诉状，通篇慷慨激昂地谴责被告强权，控诉原告没活路了之类，我读完撇去感情没看懂，无法还原出个事实来，当时很好奇，就问，起诉状这么写可以吗？答曰，必须这么写，写得这么严重，法官都不重视，不这么写，法官更不重视。我后来想想不太对。

如果我是法官，根据这个起诉状想要概括出个“原告诉称……理由是……”都好勉为其难。从工作角度讲，律师写了起诉状，法官也要写判决书，判决要“以事实为依据，以法律为准绳”，这起诉状读完之后，事实模糊一团，写了跟没写一样呀。这种满篇都是情绪，感动了自己，却让阅读对象看了蒙圈的法律文书，真是不太看好。

二、解决问题的意识

在长期的实践互动中，法律文书逐渐形成了一定的结构化形式，即经过检验而形成了特定的逻辑结构。这种结构化可以指引写作者将相关信息进行归纳、输出，以形式上的结构确保沟通和表达规范而有效率。

在现实中，文书的结构化特点表现为模板。模板有官方发布的文书格式，也有商业机构提供的知识服务，还有个人或自身的知识积累。第一种如最高人民法院、公安部、司法部（含律协）等机关、机构发布的文书格式，第二种如法天使等法律科技公司做的合同库、范本库，第三种便是工作中机构或个人总结的模板。

模板提供了一定的思考框架和逻辑结构，让法律文书写作看上去似乎很简单。但是需要注意的是，对模板需要保持清醒的认识，即使使用模板，也要始终保持处理具体问题的自觉。世上本没有模板，相似的事情发生过就产生了模板。但是，世界上没有完全相同的两片树叶，相似并非同一。就像鲁迅先生说：“世上本没有路，走的人多了，便成了路”，沿着前人趟出来的路走是一条捷径，但是更重要的是，要明确自己的目的地。路毕竟是途径，不是目的地。我在《法律写作的13种思维模型》中概括的格式化型法律写作思维模型，主要适用于法律文书写作的情境。思维模型的核心部分是“事实—证据—依据—处理”，通俗地说，就是写这份法律文书是因为有什么事情，依据什么规定，要怎么办。模板不是不可更改的，以解决问题为导向，可以局部调整模板，根据具体情况进行法律文书写作。

看到一位检察官感慨，不同律所不同律师写的三份羁押必要性审查申请书，不管是格式还是内容具体理由，均有 80% 以上完全雷同。虽说模板可借鉴，但是每个案件事实、理由应该是不一样的。这种应该就是使用模板却忘记了要解决什么问题的现实版反面教材。

利用模板，但是不迷信模板，必要时警惕模板，始终牵挂着要处理的事儿，铭记着要达到什么目的，是要提出诉求，还是提供意见或提出建议，通过法律文书这个工具，以结构化的方式表达清楚。这点最为知易行难。当然，法律文书写作硬核不硬核，就看这里了。

三、重视细节

法律文书写作的细节既包括内容上的细节，也包括文书外在形式上的细节。

（一）内容上的细节

1. 内文格式

法律文书有的属于党政机关的公文，要遵守法规《党政机关公文处理工作条例》和国标《党政机关公文格式》（GB/T 9704—2012），有的不属于党政机关公文，有相关规定的依照相关规定，如民事判决书制作格式根据最高人民法院印发的《人民法院民事裁判文书制作规范》。如果不是公文，也没有格式上的规定，出于规范性、严肃性，以及上述的对象感，建议参考与工作流程最密切的文书格式。比如说，关于民事起诉状并没有关于标题、字体、字号等要求，但是可以参考民事判决书的要求——A4 型纸，成品幅面尺寸：210mm×297mm；版心尺寸：156mm×225mm，一般每面排 22 行，每行排 28 个字；双面印刷；单页页码居右，双页页码居左；标题位于版心下空两行，居中；标题用二号小标宋体字；正文用三号仿宋字；等等。

2. 段落和行文

将重点观点提炼出来形成标题，论点放在句首，再层层论述。这样看上去段落清晰，一目了然。这种表达形式有人称其为“金字塔结构”。实际上，就是我们小时候语文学的总分总。分段，属于最基础的文字素养了。

3. 措辞规范、一致

法律文书写作要用“法言法语”，规范地援引法条，涉及的名词不但在同一个文书中前后要一致，也要作为流程中的一环来考虑，要与阅读对象的规范保持一致。比如说，涉及当事人的诉讼地位，律师的法律文书中的称谓需要与判决书的规范要求一致。举再审民事案件当事人的诉讼地位表述为例，《人民法院民事裁判文书制作规范》中规定，再审民事案件当事人的诉讼地位表述为“再审申请人”“被申请人”。在现实中，律师的再审申请书中，可能有“申请人”“再审被申请人”“被再审申请人”等五花八门的称谓。这就是不规范的，也不符合对象感的要求。

关于写作的细节，《法律写作的万能钥匙》中列过一个法律写作修改阶段的检查清单，不再赘述。

清单式检查非常稳妥和周全，很多细节是大脑无法记住的，而以清单的方式，对写作中的疏漏进行查漏补缺，保障文书质量。

有个亲身经历的故事，我曾作为承办人跟某公司的代理人谈好业务，收到她寄来已经单签的合同，发现我方联系人不是我，而是其他人的名字，因为有骑缝章也不能换页，只得重签。后来偶然的机会中得知我们同行业竞争公司有位叫这个名字的员工，这才恍然大悟，应该是代理人用的模板，忘了改名。

（二）外在的形式

法律文书写完还没有结束，打印出来厚厚的文书、材料后，如何装订，怎样赋予其大方又有利于查阅的形式，是法律文书制作的临门一脚。

这个看似很不起眼的细节，跟档案管理和人性化的设计都很有关系。有个既方便别人阅读，也方便自己管理的统一标准非常必要，比如装订、封面、材料目录、联系方式、页眉设置等，形成标准后，不仅让沟通更方便，也传达了一种“我很严谨”的态度。

对法律写作越多钻研，越深刻地认可法律写作即法律人的工作方式。以上从做事角度讲是所谓的“三板斧”，从做人角度讲，体现的是协作的精神、专业的水平和细致的态度。

合同写作：从价值观、思维框架到“抠字眼”

> 合同写作的弹性就是法律人能力的弹性。

因为有不同的法律职业，法律写作自然有不同的目的，所以法律写作有很多种。有的可以叫作“记录”，有的可以叫作“研究”，有的可以叫作“梳理”……接下来谈的这一种叫作“起草”。

《现代汉语词典》对“起草”一词的解释是“打草稿”。这个解释非常通俗易懂。之所以有种法律写作需要打草稿，是因为这种写作的特点是需要提供一个最初的可供讨论的草稿，然后再经过一定的程序确定下来成为定稿。起草的重要性在于它体现了一种价值观，确定了一定的思维框架，后续的审核、审议基本要以这个草稿为基础，所以，“起草”这种写作方式在法律写作中主要表现为合同写作、规范性文件写作（制定制度），它有自身的一些规律和注意事项。

就合同写作来说，合同关系是商业社会的基本关系，它在我们的生活和工作中无处不在。到商场买衣服，在餐厅就餐，住宾馆、租房、买房，乘汽车、火车、飞机，生活中的衣食住行，合同如形随形；买原材料、买设备，招聘员工，生产、加工、销售，生产经营各环节离开合同也寸步难行。合同关系无处不在，但是我们并没有时时处处地都在写合同，为什么呢？因为并非每一个合同关系都对应有书面合同。所以，合同写作的第一个问题是，要不要写合同？

一、书面合同何时有必要

当讨论书面合同是否有必要时，这个问题完全可以转换成另外一个问题，即写合同要实现的目的。关于合同写作，有句俗语是“立字为据”，因为写合同便是一种具体的“立字”，实践中尽管名称不同，“合约”“协议”“合同”“契约”等，本质上都是合同。“据”既可以是依据，也可以是证据。合同是合同履行的依据，也是进行诉讼的证据。可见，书面的合同一是为了使合同履行有章可循，通过合同约定一定的权利行使、义务履行的程序，让合同实现更加有效率；二是为了防范风险，一旦风险发生，需要维权时，在诉讼或仲裁中可以提供证据，从而化解风险或减少损失。

这样来看，当合同履行简单到不用约定也很简单易行，或者合同主体对于发生风险可以承受的情况下，没什么写书面的合同的必要。当然，这里的标准很主观，似乎完全要看交易者的价值判断。举个例子，张三借给李四 10 万元，张三认为把钱打到李四的银行卡便是了，两人情谊深厚，借个钱不是什么大事儿，10 万元也不算什么，以后即使李四不还也不成问题，那么借款合同写不写都无所谓；但是，如果李四借给张三 10 万元，李四认为这是件非常重大的事项，亲兄弟明算账，账算清楚了，感情才更好，那么需要讲明白怎么打款，什么时候借，什么时候还，有没有利息，如果没有按时归还要怎么办，以及如果没有归还进行诉讼，需要什么证据。在这种情况下，同样是 10 万元的借款关系，李四会认为出借给张三 10 万元非常有必要写个合同。

所以，何时有必要写合同，是交易双方基于履行难易程度和风险承受程度的决策，而这种决策跟法律观念和对交易、对生活的态度等价值观都有很大关系。于是，写不写合同不但是有法律意义的行为，也裹挟了商业判断、情感、面子等其他因素。当然，法律专业人士的建议是尽可能写合同，合同是君子之约，理性地看待合同是现代社会的基本观念之一。如果交易时凭冲动行事，凭感情用事，或顾及面子，稀里糊涂，出了问题再诉诸法律，反而失了钱财，伤了感情，丢了面子。

让商业的归商业，法律的归法律，感情的归感情，一码是一码，清晰的态度反而比让各种因素裹挟在一起更简单。

二、合同写作的思维框架

书面合同本身是一种法律文件，合同写作（起草）中法律思维必不可少，但是，仅仅有法律思维是不够的，也需要具有全局思维，体现为“上帝视角”、“广角视角”和“放眼整体、放眼长远”。因为合同的签订是通过书面合同固定一种交易关系，是一种在博弈中达到的平衡，既要己方有利可图，又不能一切以己方便利为依归；既要考虑当下的交易和合作，还要有预见性地考虑以后会不会发生风险，需要对可能的风险进行防范；同时，在很多情况下，当下的合作和交易有可能是醉翁之意不在酒，还需要洞察“山水之间”；另外，当下的交易和合作不只是这次之后就剧终了，还需要考虑长远的良好关系的维护，以便于稳定未来可能的合作，减少试错成本。

据此，合同写作应该结合业务上的商业战略和战术、法律上的合法合规和风险防范，以全面、周密的思维框架来统领写作过程：首先，起草的合同应该有效；其次，要合理地分配权利义务，使合同内容合法合规，防范可能的风险，实现交易的目的；最后，一直贯穿其中的是，交易目的安全地、有效率地实现，交易成本尽可能地减少，并尽可能成就各方交易参与者各取所需的愉快合作。

尽管这样的思维框架看起来只是几行字，其实提出了既要、又要、还要的非常高的要求。合同起草者要懂法律、懂商业、懂写作，当然，归根到底是懂人。

（一）起草有效的合同

起草有效的合同，原理上非常简单，但是实践中的合同写作常常忽视了效力问题。

《民法典》第 143 条规定："具备下列条件的民事法律行为有效：（一）行为人具有相应的民事行为能力；（二）意思表示真实；（三）不违反法律、行政法规的强制性规定，不违背公序良俗。"实践中，为了保证写作的合同有效，有必要对主体资质、是否有权处分、交易背景，以及交易行为的合法性等进行审核。法律上对主体和行为的界定是非常严谨的、清晰的，这与日常工作、生活的观念有时并不一致。所以，起草有效的合同法律思维必不可少。比如说，一位艺术老师带着学生团队一起设计出一件艺术品，要进行售卖。老师出面谈合同，表示没有任何问题，自己可以做得了学生的主，但是在法律上这是一件共有的作品，务必有其他共有人的授权，否则并不是一个有效的合同，而只是合同效力待定。对于签订合同，这位没有法律知识的老师持有的是朴素的日常观念，专业的法律人则需要以法律思维来重新审视。再如，一个自称门路广泛的人，说可以帮非京籍的毕业生买到北京户口，绝对诚信，可以写进合同，如果事情办不成，按合同约定退钱。这样的交易，即使按照这样的描述写在合同里，也令人担忧，因为约定的标的"户口"并不是一个合法可交易的"物"。

（二）合理地分配权利义务

合同写作本身不是目的，而是为了实现交易上的目的。权利义务的分配需要以商业交易为基础，如上文所说的既要、又要、还要，多个方面都要顾及，就需要以全局思维进行统筹，交易逻辑和法律思维不断地进行互动、平衡。

在交易中，话语权弱势的一方，就不得不接受一个更为苛刻的商业条件。

交易是一场各取所需的谈判和博弈，能够拿出来交易的砝码与谈判的空间成正比。交易中，需要对合规和风险有数，更需要对交易中自己的诉求和地位有清醒的认识。合规是底线，不可突破，但是风险有一定的弹性。比如，初创的企业为了争取交易机会，可能承担更多风险。成熟的企业无法接受风险，那么可能要牺牲一些交易机会。俗话说，“店大欺客，客大欺店”，需要明白自己是那个大的“客”，大的“店”，还是相反。如果交易上的地位和实力没有达到相当的程度，还想占尽全部利益，把一切风险都丢给对方，结果只能是交易无法达成。所以，在合同起草的过程当中，需要法律思维、商业逻辑同时在线。

1. 合规与交易结构的设计

合理地分配权利义务需要按照合规性的要求来设计交易结构，需要将交易关系翻译成法律上可以行使的权利和可以履行的义务。原《合同法》和如今的《民法典》对合同的核心条款都进行了规定。《民法典》第470条规定：“合同的内容由当事人约定，一般包括下列条款：（一）当事人的姓名或者名称和住所；（二）标的；（三）数量；（四）质量；（五）价款或者报酬；（六）履行期限、地点和方式；（七）违约责任；（八）解决争议的方法。当事人可以参照各类合同的示范文本订立合同。”

合同是对交易关系的固定，同时，交易中的商务条件变成合同中的核心条款时本身也需要接受法律的评价，比如，莎士比亚的喜剧《威尼斯商人》中，夏洛克说，“你不还我钱，我就要割你一磅肉”，这样约定本身可能就成问题。当一个商务条件在谈判中已经达成，需要签合同，交给法务或律师的时候，法务或者律师也不能只是说“不行”，而要从目的出发，思考如果想要达成这样的目的，是不是可以有其他的迂回的、灵活的方式。以上述“卖户口”的交易为例，如果以“户口”为标的进行合同写作，显然是不合法的。但是，具体这种交易能不能进行，合同能不能写，可以法律思维进行审查和评价。如果承诺帮助解决户口的人并没有采用任何非法手段，而是基于他对各种就业信息和职位、岗位信息的占有，那么可以翻译成提供相关就业咨询服务或者职业中介服务，合同的标的就可以变成“咨询意见”或“信息服务”。

这个例子是关于标的的设计，实践中因为主体资质、财务、税务等制度，都需要对交易中的商务条件进行法律评价并进行合法合规的交易结构的设计，这个过程既是行为的规范化，也是避免稀里糊涂违法。所以，法律人在交易中的重要性不仅是把商业条件写成合同，而且本身应该参与交易磋商和谈判，甚至法律的知识在某种程度上也能够强化交易上的话语权。

2. 法律人的风险观

法律思维与交易逻辑的矛盾常常是，法律人以法律思维提示有风险，不能这么办。但是交易中的业务人员说那怎么办，法律人不能说“那我不管”，否则只能落得互相埋怨的结果。

高明的法律人要充分理解业务背后的交易逻辑，面对条款上的规定，这样做有风险，不行，那有没有可行的其他方案，同样可以达到商业目的。如果没有替代方案，要明确一下这样做最坏的结果是什么，不能把风险看作不可逾越的鸿沟，而是要明确如果风险发生，会有什么样的后果，这样的后果从交易考虑，是不是能承受，因为商业本身就是不同程度的冒险嘛。

举例说，在一个交易中，合同是由对方起草的，诉讼管辖法院写的是对方所在地如某市某区法院，己方法务认为关于管辖的约定对己方不利，要求修改为己方所在地法院。业务沟通后，对方表示不可修改。这样就形成了僵局。实际上，这个交易标的额非常小，发生诉讼的可能性都可以忽略不计，即使发生诉讼，不去外地应诉，因缺席审判败诉，损失也没多大。但是这个交易作为一种姿态，在商业上却有很大的意义。这样将风险和收益进行具体的衡量，何去何从，便很明显。商业本身就是不同程度的冒险，法律人对风险的认识如果仅仅是回避所有风险，那么很多交易只能以两个字结束：黄了。

3. 合同模板与写作

确定了基本的交易框架，合同写作的思路便准备充分了，接下来就该落实到文本写作了。这个时候有个关键词——“模板”。有人认为合同写作就是找模板，而本文之所以前面讲了这么多才开始说模板，就是为了更有效地利用模板。“起草”这种写作方式的特点是草稿体现了起草者的价值观和思维框架，这种价值观和思维框架就渗透在模板中。

合同起草者需要对此有所自觉，在这样的认识下，合同模板才能用来帮助提升效率。此外，即使没有现成的模板，在前述思维框架的指引下，按照一般合同内容的要求，也完全可以写作一份合同。毕竟，如同世界上本没有路，世界上本也没有模板。

三、抠字眼：语言的艺术

合同写作在文本方面需要注意两点：

第一是语言文字方面的严谨性，务必非常严谨、严肃和精确，尤其是跟权利、义务和责任相关的词，意思应该是唯一的、确定的。

比如，保险合同中约定“保险车辆造成被保险人家庭成员伤亡的，不负赔偿责任”。实践中，被保险人回老家探望父母，倒车时将母亲撞伤这样的情况是否可以获得理赔，法院一般按照保险公司的约定有歧义来处理。“家庭成员”的歧义在于可以理解为一起共同生活的成员，也可以理解为近亲属。有两种解释的时候，视为没有约定，所以保险公司应该进行理赔。当然，这类案例发生在《民法典》出台之前,《民法典》中对家庭成员进行了明确的规定，即“配偶、父母、子女和其他共同生活的近亲属为家庭成员”。但是之前是没有这样的规定的，保险合同就没有达到起草时希望的效果。

再如，一个出版合同中约定，当图书销售 5000 册以上时版税率为 8%，那么这个约定该如何理解？是以销售 5000 册以上的部分作为销售数量，还是以销售 5000 册以上作为一个条件，所有的册数都计为销售数量？这样的字眼就会出现两种理解。因此，合同写作一定要抠字眼，字斟句酌，推敲每一个关键的字、词会不会有歧义，会不会有两种以上的理解。

第二是必要的“文字游戏”。“文字游戏”与写作的修辞和阅读的体验有关。不同的措辞，文字不同的排列组合，会使人产生不一样的心理感受。

合同服务于交易，但参与交易的终究是人。语言文字作为一种符号，不同的人有不同的偏好。

比如，合同的主体的表达从法律角度看，称甲方、乙方没有什么区别，不过是为了区分合同的双方，只要权利、义务约定清楚，调换一下问题也不大。但是，现实中一些人对甲方、乙方这样的称谓特别重视，可能会认为甲方就比较有话语权，高高在上，乙方则是弱势的一方，我堂堂某大公司，怎么可能做乙方、做丙方？我必须做甲方！这完全是一种心理的因素。

那么，从合同写作来讲，没有必要纠结于合同的法律文书属性，努力地去说服交易者按照法律思维来认识称谓问题。众所周知，说服成年人的精力成本有多高，如果对方是位领导，可就是难上加难。那么，完全可以从写作上迂回取道。想做甲方就做呗，那就写成甲方一、甲方二、甲方三。如果能够让这场交易、这个合同签订得很愉快，这样的“文字游戏”不也是一种智慧吗？

总之，合同写作应保证做到法律方面合法、有效；交易方面安全、经济；语言方面严谨、准确；心理方面开心、愉快；这，就是完美的合同。

新媒体写作：换一种高级姿势

> 新媒体是一个人思想的名片、知识管理的平台和交流的窗口。

新媒体时代，话语权去中心化，一个人只要言之在理，言之有物，言之成趣，言之动人，便可以在这个时代中脱颖而出，从而凭借他被关注的力量收获各种物质的和精神的回报。

新媒体的崛起给那些聪慧且勤奋的人很多机会，不用系出名门、豪门，不用倾国倾城、玉树临风，只要一个新媒体账号，一个丰富的大脑，一支生花的妙笔和一股持之以恒的毅力，成功的可能性就很大了。

新媒体区别于传统媒体，并随着技术的发展，载体日益增多，比较主流的有所谓“两微一端”，微博、微信、客户端，更广一点，如知乎、今日头条、喜马拉雅、快手、抖音、小红书等，都属于新媒体。本文仅以微信公众号和微博为例，且只聊一聊法律写作。

不管你是否意识到，是否承认，微信公众号和微博本质上都是新媒体内容产品。只不过这种产品以写作为主要生产方式，以信息、知识、思想输出为主要内容。既是产品，最重要的有两点，一是内容质量，二是稳定运营。

微信公众号和微博的门槛都是非常低的，普通人分分钟就能注册个账号，但是真正做出影响力的，是那些能够持续输出优质内容，且稳定运营的少数。

一、如何打造内容质量过硬的公众号或微博

（一）定位：做被需要的、有个性的内容产品

做一个公众号或者微博，不是简单地想表达什么，而是读者需要读什么，不像传统媒体，通过征订渠道，出刊后就发下去。对公众号和微博，用户可以自由地选择关注，或自由地选择取关。关注与否的一念是，这个内容是不是满足了用户的某种需要。

反例是，有些公众号和微博很勤奋，每天都在更新，内容可以概括为“我在干什么”，但是阅读量比较低，原因在于，你想让别人知道你在干什么，和别人想知道你在干什么，是两回事。也许很多人想知道一个明星每天在干什么，但是对于芸芸众生中的普通人没那么多好奇心和兴趣。这里的阅读量，就是用户市场的反馈，证明这样的内容有没有市场。

需求有很多，同时，因为门槛很低，很多人都在做，那么，个性化就很重要。被需要能活下来，个性化能给人留下印象，可能在竞争中胜出。

如何个性化，一定要扪心自问自己是谁，自己的优势是什么。公众号或微博的个性就是写作者本人的个性，一定会折射写作者个人的思想、知识和格局。有句话说，“一个人读过的书，走过的路，遇见的人，就是你的人生格局”，也就是说，有什么样的知识储备、人生经历和阅历，是一个人写作风格的基本面。所以，如何个性化这样的问题，需要在不断地对自己发问和回答中确定。

（二）内容规划：采用最严格的标准

什么标准最严格，在写作领域，那肯定是书了。书是内容终极的表现方式。不仅因为书从形式上看是有形化的，主要用于珍藏和传承，而且书从内容上

要求有体系性、逻辑性，所以我认为，新媒体若想做得有特色、更高级，从内容的体系和逻辑角度来看，可以书的标准，即所有内容呈现最严格的标准来要求，来规划。

当然，新媒体写作并非一定都能达到出版标准，但是用成书的两种思维——体系性和逻辑性来指导写作，以输出促进思考，以输出倒逼输入，会是一个获得自我成长和影响力的双重奖赏的过程。

公众号的写作可以称为“碎片化写作”，不是所有的碎片化写作内容都适合结集成书。能够结集是一种肯定，认为其符合“书”这样一种正式的表现载体。同时，文章在成书之后也具备很多网络载体所不具备的功能和特点。比如，在需要引用注释的时候，不管是理论型研究还是应用型阐述，写作中如果引用某某作者著的某某书，会觉得很规范，很严肃，很正式。而如果引用自某某公众号文章，观感上的权威性就会稍有逊色，这不仅仅是形式问题，还因为图书出版本身的严格规范性。

同时，文章结集出版在形式上会产生一本实体的纸书，它是可以看得见、摸得着的，不但对于作者和读者来说是一种直观的成果，捧在手里阅读、放在书架上珍藏，或者当作礼物赠与他人，也都是一种仪式感很强的活动。而公众号上的文章不管有多精彩、多犀利，也无法产生这种仪式感。

微博也是同样道理，以前微博写作的特点是及时、新鲜、“短平快”，有种“阅后即焚”的感觉。最近重新审视微博，由于功能的变化，很多微博文章长度和深度都有了延伸，尤其是头条文章和专栏功能的开发，因此在一个话题深耕的博主与公众号运营者有相似之处。

公众号和微博都可以能够成书为目标，那么如何具有体系和逻辑的意识？打个容易理解的比方，就是把公众号的一篇推送文章或一条微博这种碎片化的写作当成被切割后的写作任务。而对长期的写作，对账号的风格要有个整体的规划。就像高楼大厦一样，要对其进行蓝图的设计，然后把具体每一篇文章、每一条微博都当成一块一块的砖，日积月累，砖的数量足够，然后精选那些质地坚硬、形状恰好的按照蓝图结构砌起来，当蓝图变成了建筑时，那个建筑就会是一本书。

那么具体操作中，如何将这种碎片化写作的“砖”与目标成书的“高楼大厦”联系起来呢？

（三）选题：新媒体的日常

1. 形成框架，日拱一卒

根据自己定位的内容找来所有（尽可能多）的文献——图书、课程、PPT等，认真看看相似内容产品的目录或框架，仔细分析类似知识的框架是如何搭建的，各有什么优缺点，尤其是缺点，再根据自己的知识、经历进行思考，找到创新之处，搭建属于自己的有价值的框架，然后以一定的逻辑，不断地对自己提问，形成问题，再一一回答这些问题。对于知识储备能回答的，可以直接输出；对于超越自己现有知识储备的，通过学习、研究，形成成果后输出。当然，这两个过程常常是水乳交融的。

2. 避免速朽：可以追新闻，写热点，但要不失深度

碎片化写作有个令人担忧的现象，就是热点被过度关注，从而呈现出法律写作浮躁、功利的景象。很多文章及时有余，理性、深度不足。每每一个新闻事件发生之后，众多文章一拥而上，却是“一人一把号，各吹各的调”，大多重在表达，而不重在表达了什么。

比如，“孕妇自杀案”消息一出，各种版本的分析也接踵而来，有文章立论是“虎毒不食子，一个母亲不可能杀自己的孩子，因此她一定不是自杀……”然后，洋洋洒洒地分析一大篇。类似这种不管事实、不管依据，明明是法律专业公众号，却发着业余水平文章的情况有很多。

于是，常常在热点事情发生，读了若干篇文章后，再看到标题关于这个话题的文章，连打开的欲望都没有了。每一次热门事件发生后，各种想当然的“我觉得，我认为”比比皆是，让理性的读者不胜其烦。有些虽是法律人

写的，却不像法律写作，充其量只是凑个热闹，消费热点。等新闻冷却后，一地鸡毛，文章与冷却的热点一并被时代遗忘。

这样说完全不是否定写热点剖析类的文章，而是说，热点写作要结合专业性，写出深度。从热点的表象看到实质，以对实质问题的阐述为起点，不是就热点说热点，而是最终让热点成为写作的例证和注解，让文章经受得住时间的考验，不过时。

3. 专注：有所写，有所不写

公众号和微博有了定位之后，原创写作或者分享的文章便要服务于这个定位。如果公众号定位是劳动法，那么当各种热点事件发生时——如王宝强离婚、气枪大妈判刑等，别家都在争先撰文发文，那么自家就要按捺住，不去参与。

尽管与自己定位相关的文章阅读量可能比不上这类热点，但是要长期地坚持下来，让用户看到自己的专注，因为这种专注是稀缺的，稀缺就会更有价值。不论是自娱自乐地做公众号，还是本身做有一定目标的新媒体运营，都是追求吸引用户的，至少不会排斥。定位准确，专注运营，有所写，有所不写，也许用户没那么多，但是每一个用户都是真正关注定位话题的。

同时，专注也意味着要对未来一段时间的文章做好规划，对即将发布的文章进行框架、系统的设计。尽管每一篇文章是碎片化的，但是长期关注的用户进行的是系统、深度的阅读。

（四）文风：轻松有趣

公众号和微博都是碎片化写作，思想可以有深度，但是文风一定要符合新媒体的轻松有趣范儿。

1. 雅俗共赏的标题，深入浅出的风格

新媒体的流行对法律写作带来很多影响，比如标题的拟定，以及写作风格的调整。这种影响犹如一阵飓风，放眼望去，一段时间流行“word 哥”，一段时间流行“天啦撸！”，一段时间又流行“……竟然是……”，新媒体的特点之一是“快”，但是做新闻不应仅是通过“快”来呈现价值。

公众号、微博上文章的阅读量可以证明其是否受欢迎，但是阅读量本身并不一定代表文章的水平，尤其是法律专业文章。一些网络风明显的标题，一些浮夸、讨巧却无实质内容的文章，也注定只属于网络。

一篇内容充实的文章也一定需要一个吸引人的标题才能在新媒体中获得传播，获得生命力。俗话说，“包子有馅不在褶上”，这在新媒体写作中不适用，一定要将文章的亮点提炼出来，找到能吸引用户注意力的表达。举个例子，有天看到一个标题“男生高考 689 分！查分后妈妈立即拨通了警察电话……”看了就很好奇，“点点点”是啥？为什么考那么多分要找警察？打开一看是人民日报的官微，讲的是一个交警帮助发生交通事故的小孩争取到了救助基金的故事。试想如果以传统的“交警乐于助人，家长电话致谢”等为标题，是不是完全没有上面的吸引力？而在标题上下了功夫，宣传效果指数级上升。

因此，一篇有着雅俗共赏的、像磁铁一样的标题，以及深入浅出写作风格的文章，是难能可贵的。

2. 可穿插故事与图文

新媒体的阅读也是相对的浅阅读，化繁为简、娓娓道来的风格，更容易被接受。讲故事是特别好的叙述方式，将故事穿插其中，既生动活泼，又容易理解。图文并茂，就更是一种令人轻松愉快的方式了。当然，也和内容有关，契合内容的形式最重要。

以上主要从内容角度谈了谈对公众号、微博的看法，接下来是运营部分。

二、保持有节奏的、稳定的运营

（一）排版：人人都爱赏心悦目

公众号、微博作为一个内容产品，题图、版式、字体、颜色、配图等构成整个视觉效果。追求视觉上的美感，是无止境的。这个跟运营者的审美水平和精力都有关，至少避免花里胡哨和俗艳。如果凭写作实力涨的粉，都凭排版实力掉了，就太悲惨了。

（二）时间上要有节奏感

尽管“我的地盘我做主”，但是有一定的推送规律更好些。三月不更新，一更停三月，这样的周期对于某些账号是可以的，比如天才小熊猫，但是对于法律写作不是很适合。持续稳定的输出，是保持公众号、微博活力的关键。

（三）发挥好社交属性

运营的重要工作就是互动，跟同行、用户保持开放的沟通渠道，方便联系、及时反馈，是公众号和微博等的共同特点。

其他的发表方式，写作，投稿，出版，上架，才到达读者手里，也不知道读者都散在哪里。但是新媒体不同，发表完马上就有反馈，而这种反馈也促使写作者进一步思考。

每个人都是一个品牌，但是每个人也是一座孤岛，连接起来，共同前进更有影响力。比如，通过优秀文章的转发或授权转载，既给读者提供了价值，也可以互相引流，巩固各自的品牌，共享流量，同时，这种连接还会发生很多有趣的事情。

有一次，几位朋友在一起吃饭，好几个“大神”说起怎么认识的，竟然都是通过公众号认识的。我们便遥祝了一下马化腾。

（四）坚持做自己

新媒体也是个商业江湖之后，可能会有“红红火火恍恍惚惚”的感觉。当自己在认真地写作，输出内容，希望能够帮助到用户，吸引到关注的时候，原来有人可以直接买个一定规模的账号，甚至可以花几百块钱就实现几万粉。

且不同的价位可以买到不同级别的粉，有僵尸粉，有活人粉。一开始了解到这些“内幕”时，哭笑不得。但是细想，其实，新媒体江湖也有如人生，有的人的起点比有些人的终点还高，但是不妨碍每个人都认真、努力地生活。能购买的谁都可以购买，知识和思想却是每个人独有的。二代可以继往开来，也可以挥霍败家，穷人家的孩子也可以“顾命自怜”，也可以白手起家。经过一段时间，我也炼成了“火眼金睛”，能辨认出哪些是真实力，哪些是假大V。毕竟有人的地方就有江湖，坚持做自己就好。

结语

新媒体常常以“短平快”为特色，但是具体到法律写作上，完全可以有更高级的追求，有长远的规划，从而将新媒体写作当成一种拆解后的写作任务，让内容既能够经得住时间考验，给读者带来知识提升，又能够获得智识愉悦，争取更多的关注，形成品牌和影响力，获得更多机会，并通过持续输出高品质的文章进行知识管理、自我成长。

社交写作：法律人，你的昵称和头像就是你的人设

> 写作是一种品牌建设，无时无处不在。

微信已经成为普及程度相当高的即时通信和社交软件了，大多数人有微信账号。以前开会、参加活动带名片，现在有了微信，见面扫扫二维码，好久没再印名片了；失联好多年的同学、亲戚通过微信也都联系上了；各种各样的同学群、同事群、家庭群、活动群、项目群生生不息，瞬息万变的朋友圈里轮番上演着远远近近的悲欢离合、喜怒哀乐。我们的工作和生活深深地嵌入微信中，微信便是个亦真亦假的社会了。

对于个人来说，很多交往、交流——尤其是工作中的，都要通过微信，甚至可以在微信上形成闭环，不仅仅“未见其人，先见其昵称和头像”，而且无须见人，昵称和头像在那里就是一个人的化身和代表了。所以，对重度使用微信实现社交功能的人，昵称和头像的重要性可想而知。

一、刻板效应与微信的昵称和头像

通过昵称和头像对一个人进行猜想和判断，正应了俩词：“望文生义”和“以貌取人”。这俩词都是贬义词，但是忽略一下词的感情色彩，纯粹从认知上来看是有其合理性的。我们虽然还不认识、不了解一个人，但是看到他的

昵称和头像的那刻会条件反射地根据他的昵称“望文生义”，对他的性别和个性形成一个初步看法，根据他的头像“以貌取人”，判断他的气质。这便是心理学上所谓的“刻板效应”——人们对某一类事物产生的比较固定的看法，一种概括而笼统的看法。尽管会存在偏差，但这是客观存在的认知规律。

我浏览了一下自己的微信通信录，直觉的规律是：关于昵称，主要有三派，实名制、英文名和五彩斑斓派。越是需要通过微信处理更多工作事务的，昵称越多采用实名制，这应该与实名制给人的信任感要更高密切相连。非实名制的昵称，取英文名称的，主要是外企、创业公司人员以及年轻人。其他既非实名也非英文的，有谐音、有外号、有花名，五花八门，五彩斑斓，各有各的“典故”。

关于头像，主要有两派，本人照片和其他。照片采用棚拍的、正式的职业照片的，大部分是律师；头像是主持或发言照片，一般是比较外向、活跃的精英人士。非个人照片的，头像是高山流水、天空流云等空旷自然风景类以及松梅竹兰等花草风物的，一般是领导或长辈；头像是自家孩子的，一般是家庭观念比较强的中年人士；头像是萌宠、动漫类的，一般是小动物和二次元爱好者；头像是很个性、很酷的稀有图片的，一般本人有很独到的审美，或者很渊博，或者很有趣。

这些不过是基于少量样本统计进行的简单数据分析，以这样的规律去判断，肯定有对有错，但真实的是，我们每个人都有这样的数据，都会或多或少、有意无意地“望文生义”“以貌取人”，不知不觉地践行认知的刻板效应。

试想，一个律师，他的头像是一匹眼睛里闪着凶光的狼，昵称是旷野孤狼，你对他会有什么期望？一个五大三粗的男生，头像是一个动漫的小姑娘，你作何感想？某次我添加一位非常庄重的前辈，一看头像，是个龇牙咧嘴特别搞怪的头像，我首先是怀疑加错了，或者他被盗号了，再三确认后才加好，还感慨这位前辈原来有一颗不羁的心！

这个世界太复杂，我们需要不断地作出判断，大脑无法每次都做深度思考，昵称和头像所传达的意象，是一种思维定式，其实相当于在贴标签，这种贴标签是对人认识的简化，尽管这种简化并不科学，却是非常经济、有效率的做法，是客观存在的。当明白这种认知规律时，我们便应该依规律而行。

昵称和头像会被认为代表了我们的自我认知、定位以及想向别人表达的自己，如果说没有认真对待，让自己的期望与别人认识之间出现了很大的误会，那一定是失败的。

二、一个昵称，一个头像，便是一种特殊的写作

回忆一下小时候，我们都被布置过《我的妈妈》《我的爸爸》《我的爷爷》《我的奶奶》，诸如此类的作文。同样道理，昵称和头像可以说是一项描写“我自己”的、关于“我是谁，我是什么样的人”的写作任务，只不过要求简洁至极、高度概括和恰如其分。

通过一个昵称，一个头像，定义一种社交属性，无形中就形成一种人设，这可以构成我们个人 IP（个人品牌，IP 是 Intellectual Property 的缩写，本意是知识产权）的一部分。我们希望别人看到我们的昵称和头像时是什么感觉，能够联想到什么？是我很靠谱，我很专业；是我很文艺，我很有才华；是我很亲切，我值得信任；是我很“卡哇伊”，我很治愈；还是我很有趣，我让人轻松……那么就要通过一张图和一个名字来表达这种感觉，并让这种感觉跟个人的其他方面形成紧密的联系。

三、人设与个人 IP：取个好名，配张好头像

一个名字，一张图片，来表达一个人，这个任务既关智性，又关灵性。与其说如何做好，不如说如何避免禁忌。只要不撞到枪口上，其他各美其美。毕竟，这是件最彰显个人自由和想象力以及才华的事情。

（一）不要挑战认知规律

如前所述，“望文生义”和“以貌取人”有其合理性，那么取名时，应该让人能够“望文生义”。“望文”而生不出任何“义”来的名字，是令人困惑的。比如“ ”（两个空格）。同时，不要有不好的字面意思，比如一位 LLM（Master of Laws，法学硕士），取名“一个老流氓”，这种幽默不是大多数人能赏析的。

（二）忌喧宾夺主

昵称高度简洁，头像只有一张图，这有限的表达资源一定要配置给主角。主角意识保证昵称和头像的写作不跑题。昵称和头像背后是一个独立个体，还是某个机构、某个集体、某个人的什么人。前者是主角，后者是配角。比如，有的昵称是甜甜妈妈、妞妞爸爸之类，在商务场合，别人关注的是你是谁，而不是你是谁的爸爸或妈妈。当然，这种名字在家庭圈、育儿圈另当别论。有用集体照做头像的，让人无法辨认背后的一个人与图片中的数人是怎样的联系，有用特别突兀背景的照片做头像的，比如照片中人很小，而旁边的垃圾桶硕大，这种让人一看，第一眼看到的不是主角，容易产生混乱的联想。还有用某些机构风格很明显的图片做头像的，别人一看感觉到的不是你这个人，而是某个机构。当与该机构本身有密切关系时自不成问题，只是有时可能让人记住了机构，忘记了主角。

（三）慎用随意的自拍

随意的自拍就是不太讲究的自拍，本来自拍的审美价值就不太高，大多数自拍要么是夸张的特写，要么有种不太自然的感觉，并且自己眼里的自己和别人眼里的常常很不同，用一张自己觉得“美美哒”的自拍照片当头像，有可能别人看着很雷。

（四）慎用捉弄人的把戏

有段时间可以在头像上P个小红点，看上去像是有未读信息，有些人可能觉得这样的小把戏很有趣，“逼死强迫症”，引以为乐。但这么设置头像，真没什么好玩的，因为通信录中不是每个人都适合开这种玩笑的，诸如此类自以为有趣的操作，可能反而给别人带来困扰，被困扰的人肯定对你没什么好印象。

每个人都是独一无二的，活跃在微信的世界里，昵称和头像就肩负着把这种特性表达出来的使命，这不仅是一个软件上的账号，也是个人形象管理、个人IP塑造、个人信任感建设的一部分。当认识到这一点的时候，审视一下我们自己的昵称和头像，目前的选择“走心”了吗？

实例：一招提升案例写作水平

> 要假设自己是评价者，评价者是有标准和要求的，好能知道好在哪里，不好能说出不好在哪里，当找到标准和要求时，写作就会更完善。

喜欢走捷径，是人性的弱点。我可是个严肃正经拒绝忽悠的人，原本是不喜欢搞什么“速成”的，但是通过回答有些朋友对法律写作问题的咨询和交流，还真发现了“速成”之道。很多朋友真的不是写作水平不行，而是对写作方法无意识。

写作能力要在法律写作中提高。关于写作的原则和方法，知道和做到之间是“训练”。先要认识到问题和标准，然后知行合一，刻意练习。

遇到写作问题的具体案例，我发现了一个共性问题，即如何认识写作的问题和标准，这本身也是个问题。当这个问题解决之后，作者的写作力量就被释放出来，飞速进步。当有这样的发现时，我很开心，觉得在写作这个问题的研究上更加细致了一步，也让我觉得做的事情很有意义。

言归正传，这个方法其实特别简单，就是面对完成的文章，把自己从写作者的角色转换为评价者。比如，以具体的一篇文章为例，文章初稿是这样的：

子女赡养义务能否作为赠与或者放弃利益的条件?

《民法典》第一千零四十一条

婚姻家庭受国家保护。

实行婚姻自由、一夫一妻、男女平等第婚姻制度。

保护妇女、未成年人、老年人、残疾人第合法权益。

基本案情:

2006年户主潘某自建房拆迁，安置人口为潘某、潘某配偶李某、儿子潘1、儿媳金某、孙子潘2共五人。

2013年潘某亡故，金山工业区动迁户安置办核定安置面积为180平方米，李某、潘1、金某、潘2共取得安置面积房屋131.56平方米，以及货币补贴款242,200元。安置房屋产证中只有潘1、金某、潘2三人，无李某的名字，且货币补贴款也是由潘1代为领取支配。

2017年7月，李某就安置面积被潘1、金某、潘2占有提起诉讼，原告李某请求依法判令三名被告（潘1、金某、潘2）支付动迁安置房面积30平方米的政府回购价150,000元。诉讼中原告与被告潘1于2017年9月在金山区恒顺居民委员会人民调解委员会主持下达成《人民调解协议书》，协议明确约定：1. 李某某本人放弃潘1归还安置面积要求；2. 潘1承诺母亲李某今后的赡养问题由其全权负责。嗣后，李某前往金山区法院撤诉。2018年7月，李某认为潘1未尽赡养义务，遂起诉至法院，请求判令三名被告支付原告动迁款及安置面积额度等折价款暂计400,000元。

法院判决：驳回原告诉讼请求。法院认为首先李某与潘1达成的《人民调解协议书》中，李某放弃对潘1安置面积的要求，系真实意思表示，是公民对自己合法财产权益的处分，应给予认可；其次调解协议书中潘1对李某赡养的承诺，无论是否用协议形式约定，被告潘1均有法定赡养义务，不能作为李某放弃安置房屋回购款的附带生效条件。

法评：

一、正确认知赡养义务

赡养义务是一种法定义务，无须用协议来确定，作为履行赡养义务的子女，没有权利免除此种法定义务，亦不能通过与父母签署任何协议来迫使父母放弃或者解除子女的赡养义务，但被赡养的老人可以要求不向子女主张赡养费。

二、慎重处置自身财产

财产权益是能够被民事合同约定来确定、变更或者放弃的。本案中，安置房从办产证开始，自始没有登记李某姓名，已经是对她权利的侵害。笔者猜测她以为调解书只是用自身的撤诉换来子女履行赡养义务。然而再次诉讼中发现，调解书不但没有起到任何保障作用，反而导致自己放弃了本不该放弃的财产权益，着实令人惋惜。

分家析产纠纷中，老人们切记不能因为追求赡养义务的明晰而放弃自己的财产权益。

本文案例来自裁判文书网（2018）沪0116民初7914号案例

收到这篇文章，我的点评如下：

这是一篇小文章，可以把它再分解，分成几个部分，首先要对不同部分所需要的写作能力有自觉，然后刻意地练习提高，渐渐地，写作能力会提升。

第一部分是标题，标题体现了思考的清晰程度，相当于要一句话说明文章。目前标题有些拗口且一眼看不明白，说明思考没有到位。比如用“赡养老人能附条件吗”，或者“老人以子女赡养为条件放弃财产的行为是否有效”，都相对更清晰明了。以上只是参考，建议思考要更到位。

第二部分是案情简介，案情简介体现的是概括能力，需要用简洁的语言将来龙去脉讲清楚，参考小学语文最基础的“时间、地点、人物、起因、经过、结果”，这部分写作相对还不错，就是其他地方用了李某，只有一个地方用李某某，这是同一个人，人物要素发生错乱。

第三部分是评析，评析体现角度和观点，这篇文章中评析有两点，小标题拟定得更像是关键词，建议可以更直接一些，拟成中心句形式，可以让观点更加清晰。比如，一、赡养是法定义务，不可免除；二、慎重处置财产，避免日常生活思维导致法律风险；等等。

第四部分是法条，法条一是要精确，要核对原文，这里的引用把“男女平等的”写成“男女平等第”、“残疾人的”写成了“残疾人第”，错别字很明显。二是要检查与文中是否有呼应关系，这条既不是讲赡养，又不是讲行为效力，也不与人民调解相关，放到这里有些脱节。

这里我是一个评价者，我作出点评后，请作者进行了修改。接下来这一版是修改一稿：

“子女负责父母的生老病死”约定是否有效?

老人以子女赡养为条件放弃财产的行为是否有效?

赡养老人能附条件吗?

老人放弃自身财产利益，仅为获得子女赡养承诺

——李某诉潘1、金某、潘2分家析产案

裁判要点：赡养义务是法定义务，子女对赡养义务承诺与否均不影响子女必须履行该义务。老人大可不必为确保子女能够赡养自己，而放弃自身应有的财产利益。

案号：(2018)沪0116民初7914号

基本案情：

2006年户土潘某自建房拆迁，安置人口为潘某、潘某配偶李某、儿子潘1、儿媳金某、孙子潘2共五人。2013年潘某亡故，金山工业区动迁户安置办核定安置面积为180平方米，李某、潘1、金某、潘2共取得安置面积房屋131.56平方米，以及货币补贴款242,200元。安置房屋产证中只有潘1、金某、潘2三人，无李某的名字，且货币补贴款也是由潘1代为领取支配。

2017年7月，李某就安置面积被潘1、金某、潘2占有提起诉讼，原告李某请求依法判令三名被告（潘1、金某、潘2）支付动迁安置房面积30平方米的政府回购价150,000元。诉讼中原告与被告潘1于2017年9月在金山区恒顺居民委员会人民调解委员会主持下达成《人民调解协议书》，协议明确约定：1.李某本人放弃潘1归还安置面积要求；2.潘1承诺母亲李某今后的赡养问题由其全权负责。嗣后，李某前往金山区法院撤诉。2018年7月，李某认为潘1未尽赡养义务，遂起诉至法院，请求判令三名被告支付原告动迁款及安置面积额度等折价款暂计400,000元。

法院判决：驳回原告诉讼请求。法院认为首先李某与潘1达成的《人民调解协议书》中，李某放弃对潘1安置面积的要求，系真实意思表示，是公民对自己合法财产权益的处分，应给予认可；其次调解协议书中潘1对李某赡养的承诺，无论是否用协议形式约定，被告潘1均有法定赡养义务，不能作为李某放弃安置房屋回购款的附带生效条件。

法评：

一、赡养是法定义务，不可免除

《民法典》第一千零六十七条明确指出子女必须履行赡养义务，故该法定义务无须用协议来确定。作为履行义务主体的子女，不能单方面免除此法定义务，亦不能通过与老人签署任何协议来迫使老人主动放弃或者解除赡养义务，但被赡养老人有主动不向子女索要赡养费的权利。

二、慎重处置财产，避免生活思维引发法律风险

财产权益能被有效民事约定确定、变更或者放弃。本案例中，安置房从办产证开始，自始没有登记上李某姓名，已经是对老人合法权益的侵害。且笔者猜测，李某仅以自身生活经验认为人民调解委员会出具的调解书，只是表明自己愿意用撤诉来换取子女履行赡养义务。然而2018年老人再次诉讼才发现，调解书不但没有起到任何保障作用，反而让自己放弃了合法财产权益，令人惋惜。

分家析产纠纷中，老人们切记不能因为追求赡养义务的明晰而放弃自身财产权益。

相关法条：

《民法典》第一千零六十七条

……

成年子女不履行赡养义务的，缺乏劳动能力或者生活困难的父母，有要求成年子女给付赡养费的权利。

《老年人权益保障法》第十九条

赡养人不得以放弃继承权或者其他理由，拒绝履行赡养义务。

赡养人不履行赡养义务，老年人有要求赡养人付给赡养费等权利。

……

《人民调解法》第三十一条

经人民调解委员会调解达成的调解协议，具有法律约束力，当事人应当按照约定履行。

人民调解委员会应当对调解协议的履行情况进行监督，督促当事人履行约定的义务。

修改一稿比之前的初稿进步很多，四个标题斟酌得很好，不同标题有不同风格。比如，第四个很像报纸新闻标题。第一、第二、第三个，如果发在网上，比较易于被关键字搜索或检索到。同时我又意识到一些其他问题，于是提出文章仍有可待优化之处：

一是，裁判要旨可以更提炼要点，具体说如法院承认约定效力，放弃的财产利益不能返回之类。

二是，案例评析类文章，用终审案例更好，如用初审案例最好要确认是不是生效判决。比如，这个初审案例交代一下是否上诉，是否是已生效判决，万一上诉中推翻原审判决，评析的基础就动摇了。

提出优化建议后，作者又形成了修改二稿：

老人以子女同意赡养为条件放弃财产是否有效？
——李某诉潘1、金某、潘2分家析产案

裁判要点：

赡养义务是法定义务，子女对赡养义务承诺与否均不影响子女必须履行该义务。民事行为能力人放弃自身财产利益的约定生效后，无正当理由不得撤销。

案号：（2018）沪0116民初7914号

基本案情：

2006年户主潘某自建房拆迁，安置人口为潘某、潘某配偶李某、儿子潘1、儿媳金某、孙子潘2共五人。2013年潘某亡故，金山工业区动迁户安置办核定安置面积为180平方米，李某、潘1、金某、潘2共取得安置面积房屋131.56平方米，以及货币补贴款242，200元。安置房屋产证中只有潘1、金某、潘2三人，无李某的名字，且货币补贴款也是由潘1代为领取支配。

2017年7月，李某就安置面积被潘1、金某、潘2占有提起诉讼，原告李某请求依法判令三名被告（潘1、金某、潘2）支付动迁安置房面积30平方米的政府回购价150,000元。诉讼中原告与被告潘1于2017年9月在金山区恒顺居民委员会人民调解委员会主持下达成《人民调解协议书》，协议明确约定：1. 李某本人放弃潘1归还安置面积要求；2. 潘1承诺母亲李某今后的赡养问题由其全权负责。嗣后，李某前往金山区法院撤诉。2018年7月，李某认为潘1未尽赡养义务，遂起诉至法院，请求判令三名被告支付原告动迁款及安置面积额度等折价款暂计400,000元。

法院判决：驳回原告诉讼请求。法院认为首先李某与潘1达成的《人民调解协议书》中，李某放弃对潘1安置面积的要求，系真实意思表示，是公民对自己合法财产权益的处分，应给予认可；其次调解协议书中潘1对李某赡养的承诺，无论是否用协议形式约定，被告潘1均有法定赡养义务，不能作为李某放弃安置房屋回购款的附带生效条件。

此判决为最终生效判决。

法评：

一、赡养是法定义务，不可免除

《民法典》第一千零六十七条明确指出，子女必须履行赡养义务，故该法定义务无须用协议来确定。作为履行义务主体的子女，不能单方面免除此法定义务，亦不能通过与老人签署任何协议来迫使老人主动放弃或者解除赡养义务，但被赡养老人有主动不向子女索要赡养费的权利。

二、慎重处置财产，避免生活思维引发法律风险

财产权益能被有效民事约定确定、变更或者放弃。本案例中，安置房从办产证开始，自始没有登记上李某姓名，已经是对老人合法权益的侵害。且笔者猜测，李某仅以自身生活经验认为人民调解委员会出具的调解书，只是表明自己愿意用撤诉来换取子女履行赡养义务。然而2018年老人再次诉讼时才发现，调解书不但没有起到任何保障作用，反而让自己放弃了合法财产权益，令人惋惜。

分家析产纠纷中，老人切记不能因为追求赡养义务的明晰而放弃自身财产权益。

相关法条：

《民法典》第一千零六十七条

……

成年子女不履行赡养义务的，缺乏劳动能力或者生活困难的父母，有要求成年子女给付赡养费的权利。

《老年人权益保障法》第十九条

赡养人不得以放弃继承权或者其他理由，拒绝履行赡养义务。

赡养人不履行赡养义务，老年人有要求赡养人付给赡养费等权利。

……

《人民调解法》第三十一条

经人民调解委员会调解达成的调解协议，具有法律约束力，当事人应当按照约定履行。

人民调解委员会应当对调解协议的履行情况进行监督，督促当事人履行约定的义务。

将初稿与修改二稿进行比较，很明显，修改二稿的水平提高很多，我总结了一下这个过程，我的点评只是提出了一些评价标准和要求。于是，我跟作者说，以后的写作都按照类似的标准自己先来评价一下，将自己的角色在写作者和评价者之间进行切换，就知道稿件具体应该如何进行完善，从而能迅速提高写作能力了。很欣喜的是，这位作者的写作习惯坚持得很好，后续内容都很不错。

看到他有很大进步，我跟他提议能不能当成案例来做个分享，希望以这种方式帮助到更多人。他一边自嘲是反面教材，一边非常慷慨地答应了。当然，我丝毫不认为这是反面教材，因为这便是我追求的具体的打破“宿命写作”的例子。

在此特别致谢这位作者！

Part 4

法律写作的要素和细节

法律写作不可不知的规范依据和标准

> 不以规矩，不成方圆。

法律写作既有“法律”的独特性，也有“写作”的一般性，其本质体现为写作者价值观实现的两个层次，一是依法做事，二是规范行文。前者要求思维和行为方面须合法依规，言出有据；后者要求语言和表达方面要遵守标准，格式规范。

因此，法律写作对创造性、文采要求不是特别高，但是对于规范性、严谨性和准确性的要求高之又高。没有文采、没有创意不要紧，除了律政文学题材的写作之外，其他法律写作类型还要抑制文采和创意，如果没有依据、不合规范，那就太要命了。

下面梳理一下法律写作中可能涉及的相关规范依据和标准，限于篇幅，仅罗列目录索引以及简单介绍，以备查询。

一、法律依据方面

法律写作，顾名思义，写作必然要有法律依据，即法律写作要有现行有效的，包括法律、法规、规章、司法解释等在内的法律渊源以及法学基本理论作为支撑。

这方面的要求看似简单，实际的法律写作中问题却不少，主要表现为想当然地得出结论，却没有任何依据，当进一步追问时，写作者也无法提供依据，只能回答“我觉得、我认为应该如此”。

截至目前，我国现行有效的法律有200多件，行政法规有600多件，其他法规、规章、司法解释及各种规范性文件不计其数。如果将这些依据全部都罗列出来，哪怕只是目录，篇幅也相当浩大。

实践中，对法律依据的查询和使用多凭借主流的法规数据库。数据库的优势是海量收录，但是也有不足，数据库如同汪洋大海，我们很难通过数据库对法律法规有体系性的、具体的认知。写作中需要的法律依据对于数据库来讲，常常如同弱水三千，只取一瓢饮，而这一瓢在哪里，常常是基于关键词搜索，类似大海捞针，尽管有高级搜索，依然是在一定逻辑下的打捞。

在这种情况下，有两个建议：

第一，备一本《法律法规全书》（中华人民共和国司法部编），这本汇编收录了现行有效的全部法律和行政法规。一本《法律法规全书》之所以是必要的，一是因为它是官方文本，可以核实准确性；二是因为它是一本集约的书，可以将全部的法律、行政法规呈现出来，能够为我们提供一种立法版块和体系的感觉，这样寻找法律依据便不再像在浩瀚无边的大海里打捞，而像手中有了一个指南针，对大致的方向有着清晰的指引。

第二，建立自己的专属法律法规库，结合自己工作的特点和知识管理方法，将每次检索查询的结果及延伸内容做一种分门别类的固定，逐渐地形成一个个性化的、查询方便的小数据库。

二、文书格式和规范方面

在司法活动和执法活动中，法律写作一般表现为制作文书。关于文书格式和规范，最高人民法院、最高人民检察院、公安部及其他各部委都有相关规定。此处仅列举一些典型的规定，不穷尽列举。

（一）最高人民法院相关发布

最高人民法院关于裁判文书引用法律、法规等规范性法律文件的规定（法释〔2009〕14 号）

最高人民法院关于在裁判文书中如何表述修正前后刑法条文的批复（法释〔2012〕7 号）

最高人民法院关于印发《人民法院民事裁判文书制作规范》《民事诉讼文书样式》的通知（法〔2016〕221 号）

最高人民法院关于印发《法院刑事诉讼文书样式》（样本）的通知（法发〔1999〕12 号）

最高人民法院办公厅关于实施《法院刑事诉讼文书样式》若干问题的解答（2001 年 6 月 15 日　法办〔2001〕155 号）

最高人民法院关于印发《民事简易程序诉讼文书样式（试行）》的通知（法发〔2003〕21 号）

最高人民法院办公厅关于印发修改后的《民事申请再审案件诉讼文书样式》的通知（法办发〔2012〕17 号）

最高人民法院关于印发《公益诉讼文书样式（试行）》的通知（法〔2020〕71 号）

最高人民法院关于印发《民事诉讼程序繁简分流改革试点相关诉讼文书样式》的通知（法〔2020〕261 号）

（二）最高人民检察院相关发布

最高人民检察院关于加强检察法律文书说理工作的意见（2017 年 7 月 4 日最高人民检察院第十二届检察委员会第六十六次会议通过）

人民检察院工作文书格式样本（2020 年版）（高检发办字〔2020〕36 号）

（三）公安部相关发布

公安部关于印发《公安机关刑事法律文书式样（2012 版）》的通知（公通字〔2012〕62 号）

公安部办公厅关于修改和补充部分刑事法律文书式样的通知（公法制〔2020〕1009 号）

公安部关于印发《公安机关刑事复议复核法律文书式样》的通知（公通字〔2014〕36 号）

公安部关于印发《DNA 鉴定文书规范》的通知（2018 年 1 月 17 日　公刑〔2018〕349 号）

公安部关于印发《公安国家赔偿法律文书（式样）》的通知（公通字〔2018〕33 号）

公安部关于印发《道路交通安全违法行为处理法律文书（式样）》的通知（公交管〔2020〕69 号）

（四）司法部相关发布

司法部关于印发《法律援助文书格式》的通知（2013 年 3 月 19 日　司发通〔2013〕34 号）

司法部办公厅关于印发法律援助投诉处理格式文书的通知（2014 年 1 月 17 日　司办通〔2014〕2 号）

司法部关于印发司法鉴定文书格式的通知（司发通〔2016〕112 号）

司法部关于印发和使用《社区矫正执法文书格式》的通知（司发通〔2012〕126 号）

司法部关于印发人民调解文书格式和统计报表的通知（2010 年 12 月 31 日　司发通〔2010〕239 号）

其他相关的格式和规范略。

三、起草活动方面

有一种法律写作叫作“起草”。起草活动，不仅需要遵守语言的规范，更体现了权力运行的逻辑。起草活动的主体、流程及行为都有严格的规定。行文除了遵守一般的语言规范之外，还要求有较高的立法技术。相关依据参考如下：

中华人民共和国宪法

中华人民共和国立法法

中华人民共和国国务院组织法

中华人民共和国地方各级人民代表大会和地方各级人民政府组织法

行政法规制定程序条例

规章制定程序条例

法规规章备案条例

税务部门规章制定实施办法

国家市场监督管理总局规章制定程序规定

税务规范性文件制定管理办法

最高人民法院关于司法解释工作的规定

最高人民检察院司法解释工作规定

最高人民法院、最高人民检察院关于地方人民法院、人民检察院不得制定司法解释性质文件的通知

全国人民代表大会常务委员会法制工作委员会关于印送《立法技术规范（试行）（一）》的函

全国人民代表大会常务委员会法制工作委员会关于印送《立法技术规范（试行）（二）》的函

民航规章立法技术规范

四、案例方面

法律写作中案例的参考和支撑作用日益重要，作为依据的案例可以通过中国裁判文书网的公布内容或者通过专业数据库进行查询，也可以通过权威部门发文公布的相关案例进行查找，以及查阅相关出版物。

（一）相关文件

最高人民法院印发《关于案例指导工作的规定》的通知（法发〔2010〕51号）

最高人民法院印发《〈关于案例指导工作的规定〉实施细则》的通知（法〔2015〕130号）

最高人民法院研究室关于印发《关于编写报送指导性案例体例的意见》、《指导性案例样式》的通知（法研〔2012〕2号）

最高人民法院关于发布第N批指导性案例的通知（N=1、2、3……这是不断更新的系列文件）

最高人民法院关于部分指导性案例不再参照的通知（法〔2020〕343号）

最高人民法院发布……典型案例（这个句式的标题下有很多批典型案例发布，不一一列举）

最高人民法院关于统一法律适用加强类案检索的指导意见（试行）

最高人民检察院关于印发《最高人民检察院关于案例指导工作的规定》的通知（2019修订）（高检发办字〔2019〕42号）

最高人民检察院关于印发最高人民检察院第N批指导性案例的通知（N=一、二、三……这是不断更新的系列文件）

最高人民检察院发布……典型案例（这个句式的标题下有很多批典型案

例发布，不一一列举）

公安部关于建立案例指导制度有关问题的通知（公法〔2010〕661 号）

国家知识产权局关于开展知识产权行政执法案例指导工作的通知（国知发保字〔2019〕24 号）

（二）相关出版物

最高人民法院公报

最高人民检察院公报

人民法院报

以及其他相关案例类图书（可以在线下的书店，或者当当、京东等网店法律图书版块进行浏览和检索，也可以去图书馆借阅），之所以括号备注这些看上去好小儿科的获取途径，是因为我竟然遇到不止一个法律精英不知道怎么获取图书，甚至包括某全球公司中国区法总。该法总问我哪里可以买到某书，我本来条件反射地想说哪里都买得到啊，后来深呼吸一口气微笑地告诉他，可以上当当、京东、天猫。他像获得了什么情报般地说，“好，太感谢了！我让我的助理去买！”那不食人间烟火的范儿在我脑海中挥之不去。

五、权利与禁忌

写作既是一种知识生产活动，也是一种塑造影响力和提供价值宣传的行为。因此，法律写作体现为一种成果，同时又是一种表达行为，写作中需要遵守《著作权法》《广告法》等的相关规定，且必须避免一些禁止性内容。相关的权利和禁忌可参考如下规定及规范。

中华人民共和国著作权法

中华人民共和国著作权法实施条例

中华人民共和国广告法

出版管理条例

新华社新闻报道中的禁用词（第一批）（新华社在《新闻阅评动态》第315 期发表）

六、行文规范

法律写作的行文规范方面主要涉及语言、文字、标点符号、数字、格式等，基本遵循一般写作的规律，相关规范主要体现为各种标准以及权威的工具书。主要包括：

（一）标准方面

中华人民共和国标准化法

（二）语言文字方面

GF 1001—2001 第一批异形词整理表

通用规范汉字表

新华字典（商务印书馆）

现代汉语词典（商务印书馆）

（三）标点和数字方面

标点符号用法（GB/T 15834—2011）

出版物上数字用法（GB/T 15835—2011）

（四）学术论文方面

中华人民共和国国家标准学位论文编写规则（GB/T 7713.1—2006）

文后参考文献著录规则（GB/T 7714-2015）

学术出版规范注释（CY/T 121—2015）

学位论文写作指南（GB/T 7713.1—2006）

（五）公文写作方面

党政机关公文处理工作条例

党政机关文书格式（GB/T 9704-2012）

法律写作的6大问题和20个细节

> 魔鬼在细节中，天使也是。

法律写作最讲究严谨，严谨体现为一般的态度，更体现在肉眼可见的细节中。一个错别字，一个错误标点，在客户或者法官眼里，可能就成了态度不认真，态度不认真可能就成了不靠谱。真的是蝴蝶翅膀的一次扇动，引起了一场飓风。

阅稿无数之后，我对遇到的各种情形进行了梳理，总的来说分成两大类，宏观和微观。本文特将法律写作中宏观存在的问题和微观细节的问题进行总结。

一、法律写作的6大问题

（一）知识产权问题

不管是否法学科班出身，机缘巧合地从事了法律职业，就获得一个共同的称呼“法律人”。我一开始认为，在这个圈子里，是没有必要讲知识产权问题的。后来才发现，是我对别人的选择太自信了。

知识产权问题概括起来很简单：一不抄袭，二注明出处，三获得授权。我一直觉得，法律人在知识产权方面犯错误是很低级的。后来渐渐地了解到各种不一样的想法，因为有人的确是明知故犯，或者认为没人追究，或者认为抄你的是看得起你，或者认为自己是在“高尚地”传播属于全人类的知识。

有什么样的观点，也许并不重要。因为《著作权法》并不因为那些神奇的观点而不适用。

（二）文件效力不明

不管是学术研究还是实务应用，文件效力都是前提。

在学术著作中，常常会有这样尴尬的情况——作者对某规定大加批判，一边建议废止，另一边建构新的规则，结果，该规定其实已经失效，而建构的新规则也正现行有效，运行正常。

如果说在学术研究中，不了解实在法可能闹笑话，那在实务应用中，就不光是闹笑话丢面子了。不查询法律效力，可能不仅耽误事儿，而且有真金白银甚至健康财产的损失。

（三）言之凿凿的结论没有依据

法律写作的特点之一是严谨，不像文学创作，“本故事纯属虚构”，插上想象的翅膀到处飞翔。尤其是涉及操作细节，如具体的期间、数额、人数等，一定要言之有据，是法律、法规还是判例、学说，都要让人觉得有说服力，而不是想当然。

对待一个问题的处理，有的作者写得有鼻子有眼睛，但是没有依据，再与作者确认时，作者也很纳闷，不知道相关精确的数字哪里来的，只能删掉。

（四）情绪化，不理性

法律写作最好是“在法言法”，思维模式是权利—义务—责任，有什么权利，应该履行什么义务，违反了什么义务，应该承担什么样的责任。对行为尽量进行法律的评价，尤其是书面表达，情理的展开要适度，尽量避免通篇情绪化的宣泄。因为一旦情绪化，就给人一种不冷静的感觉，现实中面对不冷静的人，我们常常都是说你先冷静一下，对不？所以，情绪化基本上是一种自动中断理性探讨和问题解决的姿态。

（五）层次不清

关于这种问题，我把它叫作“迅雷不及掩耳盗铃儿响叮当”型的文章。即从一个问题到另一个问题再到另一个问题，经常忘记了是要说什么。如果聊天这样，没有问题，但是放到写作上，就有思维混乱、没有条理之嫌。

（六）不拘小节

法律写作讲究严谨、精确，这些都体现在细节中，体现在文字上、形式上。

二、法律写作的 20 个细节

（一）阿码汉码一致

法律写作中经常涉及条文的引用，常常出现的问题是，前文是“第五条”，后文是“第 5 条”；前文是“第（二）项”，后文又有“第 2 项”“第二项”。

这里讲的混用是最低级的混用，也就是同样的条文，前后不统一。如果从整篇文章来讲，数字与汉字的使用，虽然是特别不起眼的小问题，但是还有大学问。有兴趣的推荐检索《法条序号的功能定位与设置技术》（刘风景著）这篇文章看一看。

（二）法律文件及机关机构简称统一

涉及法律文件简称，尤其是司法解释，常常出现同一个文件，有各种名称，比如《最高人民法院关于民事诉讼证据的若干规定》，前文称证据规定，后文称证据解释，再后面又出现全称。

在这种情况下，对于第一次出现的法律文件名称括号备注一下“以下简称 ××”，后文予以沿用，便保持了统一性，体现法律写作的严谨和规范。

对于机关机构的简称，要符合常识，不造成错误和混淆。如某省高级人民法院简称某省高院，有时会发生误将某省人民检察院简称为某省高检的情况。还有全国人大是全国人民代表大会的简称，不是全国人大常务委员会的简称。

（三）条文的精确引用

在引用法律条文时，有意思引用，有全文或部分引用。前者不用加引号，可以重新组织语言概括条文意思；后者加引号，需要和条文的内容保持一致，如有省略则用省略号。在有的文章中，经常会出现作者自己概括了条文的内容，或者按照依稀记得的样子来引用，同时也用引号引起来，就不够规范。另外，引用条文，来源要比较权威，有时是全文引用，却有错别字，甚至有援引伪法律的，即国家从来没有颁布过的法律内容，想必是随便从哪个网页粘过来的。

（四）有效条文引用

有时，历史阐述性质的内容中引用失效的条文，是为了介绍特定制度、规范的发展，是有必要的。但是，对于一般法律适用依据援引时，务必要明确所引条文是有效的。同时，涉及处理意见时，一定要先引条文，没依据的再讲道理。

（五）层次清晰，结构平衡

比如，整篇文章从头到尾铁板一块，没有分出一个段落，也没有任何标题。给人感觉是眉毛胡子一把抓，一头雾水。

再如，虽然分出了层次，大部分段落都拟有一个小标题，而忽然某个部分只有一句话。这样就是不平衡的，最好再概括出一个小标题，然后将这句话适当地进行扩句，从而与其他部分保持平衡。

（六）最常见的错别字和表达

最常见的错别字如“制订”和“制定”（制订侧重于拟制的过程，制定侧重于最终确定），“签订”和“签定”（只有签订，没有签定），“其他”和“其它”（用其他，不用其它），“账户”和“帐户”（用账户，不用帐户），“检查”和“检察”（检察机关、检察院而非检查院）。

（七）标题规范

文章的数级标题应该按照“一、（一）1.（1）①”这样的序号来排，最常见的问题是 1 后面用了顿号，而不是用圆点。前几天我还在一篇文章中见到在（一）后面加顿号的情况。

另外，标题末尾一般不用加标点，如句号、叹号。

（八）外文需格外注意

文章中有外文的，输入时需格外留心。拼写漏写，字母间多了空格或两个单词之间的空格没打等小问题常常出现。涉及德文、法文、俄文等特殊拼写的更要注意，尤其字母上方的“小眼睛”“小犄角”之类的。

（九）术语前后一致

对于文书或文章，要保持术语的一致。同一篇文章，同一个术语。比如，民事诉讼再审程序的文书中，对于当事人的称谓一般采用“再审申请人”“被申请人”，那么全文中要保持一致，不要这里用“再审申请人”，那里用“一审原告”“二审被告”等容易混淆的术语，甚至用“被再审申请人”等生造的术语。

术语的前后一致还体现在翻译的文章中，翻译的人名、术语，要尽量采用通用的译法。对于众所周知的人物最好用通用译法，比如边沁，有译者坚持“本瑟姆”更符合发音规则，却容易带来不必要的困惑，因此没有必要标新立异；对于不是众所周知的人物或词语，最好括号备注原外文名称，以避免回译不准确而无法查找。

（十）当事人的名字要准确

法律文章少不了案例，案例当然少不了当事人。当事人的名字这种细节，却是出错高发地带，在中国裁判文书网中看到一篇判决，前文是嘉禾公司，后文就变成嘉和公司了。

另外，援引案例写作时，有时因涉及商业秘密或隐私，需要将当事人的姓名隐去。这里容易出现的一个问题是，同姓的当事人有好几位，如只是简单地将名字改成某某，会出现当事人名字混淆无法辨认的情况，比如两个李某或李某某，让案情混乱不堪。因此，在隐名时要注意。

（十一）法律术语及时更新

立法和法学理论都在不断地发展变化，当法律修订，或者法学理论相应发展时，相应的法律知识就发生了变化。

比如，2009 年 8 月 27 日修改的一批法律中，“征用”改成“征收”的，就应该统一及时更新，规范使用。

再如，目前三大诉讼法都将“鉴定结论”改成了“鉴定意见”，而作为法定的证据类型，在修改后的实际使用中，就要对以前惯用的术语进行更新。

（十二）标点

最容易用错的标点是逗号、顿号、分号。“一逗到底”真的不是夸张，很多文章如此。作者可能对标点无意识，写着文章点着逗号，如同吃着火锅唱着歌儿。在该点句号时点逗号，在该点逗号时点顿号，应该纯属无意识吧，所以用法就不啰唆了。此外，分号是不可以放在句号外面的。把这个原则记住，分号一般也错不了了。还有，冒号不可以套用。

另外，在引号与书名号之间如果没有其他内容，是不需要加顿号的，这是 2011 年国标修改的，但是《国务院公报》是不按照这个国标的，因国标本身的“T”就是推荐的意思，没有强制力，所以不至于算错误，但一篇文章中，最好做到局部统一。

关于标点的用法，可参考《标点符号用法》(GB/T 15834—2011)。

（十三）注意“我”和“你”

这是什么意思呢？文章中，常常出现没有主语或者主语太多的情况，就是说句子缺“我”或者“我”太泛滥；另外，也常常出现很多“你”，而删去这些“我”和“你”对意思不构成任何影响。总的来讲，就是书面化程度不够，很像平时讲话带了很多口头禅。

（十四）数字可以对得上

涉及数字，比如赔偿金额等，就有一笔小账要算，前后一定要核得上，比如几项请求，共计多少，一定要构成等式。这种错误也很普遍。

数字的小数点要注意，比如一份判决中，就出现了“11.42 个月”，比较让人费解。

合同里的报价条款也要特别留心，合同的价款条款常常是填空。有时空后有单位，有时没有。有时条款的后面本来带了“万”字，实际填写时应该要换算一下。否则，价款放大了一万倍。这个错误特别普遍，尽管后续也有补救途径，但是法律专业人士要是没审出这样的低级错误，脸上还是挺挂不住的。

另外，论述要点的个数，也要前后对应。举例说，我有一篇文章说“下面讲五个问题”，下文却有六点。可能因为构思时想了五点，写的时候临时又多想到一点。

（十五）固定搭配固定用

比如，首先、其次、再次、复次、最后，这是一套的；第一、第二、第三……是一套的。常出现首先、其次、第三这样的套用不规范。

此外，在正文论述中，这些词后用逗号，而不是顿号。这也是高发错误。

（十六）消灭笔误

笔误这个事情在所难免，但其实也是可以减少的，比如在文章提交或者发送之前通读一遍。那些“一遍”写成“一边”，“北京市”写成“北京是”，“证券”写成“证据”等瑕疵就暴露出来了。

以上 16 个方面的小细节，可以说是基本项，属于不在意就会有硬伤的情形。另外，还有一些附加项，如果不在意，可能也没有什么问题，但是，如果花更多一点心思，则会让文章更出彩漂亮。

（十七）告别单调地用一个词

比如，表示转折时，作者喜欢用“但是”，一篇文章，甚至一段话中就有 10 多个“但是”，这样便显得重复和单调。那么，可以用“然而”“不过”“却”等替代性的词语，让句式有所区分。“所以”“于是”“因此”“另外”“此外”“还有”等词也是同样道理。

（十八）音律抑扬顿挫

斟酌一个措辞，推敲一个用语，会发现当恰当的汉字组合到一起，声调上的变化，有种音律的美感。比如，“针对以上上诉请求……”，此处的两个“上”放到一起，读和看都不是很舒服，如果改成“针对上述上诉请求”就好一些。很多这类字词中包含排兵布阵的细节。

（十九）对仗工整

对于相邻的句子，如果字数相近，能够凝练成同样字数的，会产生一种工整的对仗效果，无论是视觉的阅读还是听觉的念诵，都会产生有冲击的美感。

（二十）使用成语

间或地使用一些成语，使文章显得干练、精悍。文章中的有些表达，完全可以换成成语，比如“这些大家都知道的事情”，即“众所周知”；“避免再次犯同样的错误”即避免“重蹈覆辙”，等等。

以上罗列的一些法律写作中的问题和细节，可能有人认为重不重视都无伤大雅。这就像三个词——白璧微瑕、瑕不掩瑜、美玉无瑕，可以算是不同人写文章做事情追求的几种境界吧！

魔鬼总藏在细节中，而天使也是。

修辞：一个故事，99 种写法

> 修辞是运用语言的技术和艺术。

写作离不开修辞，法律写作概莫能外。从概念上讲，修辞是指依据题旨情境，运用各种语文材料、表现手法，恰当地表现写作者所要表达的内容的言语活动。

横看成岭侧成峰，每个事物都有许多方面，从不同角度，以不同方式去描述有不同的风格感觉，也有不同的效果。即使描述大同小异，不同接受者也可能产生不同的投射。一个故事，99 种写法，或者一种写法，读出 99 个故事——99 是个虚数，表示很多[①]——这两句表明了表达者认为的事实、语言表达与接受者认为的事实之间的神奇关系，而修辞在这神奇的关系中起很大作用。前文分享过一个故事，一位教徒祈祷时犯了烟瘾，问神父："祈祷时可以抽烟吗？"神父说："不可以。"另一位教徒祈祷时也犯了烟瘾，他问神父："抽烟时可以祈祷吗？"神父说："可以。"通过调整表达模式和描述用词，能够引导读者以不同的方式去思考。不同的遣词造句，对读者的说服效果是不同的。

---

① 当然，马特·马登的《一个故事的 99 种讲法》一书真的以差不多的文字，创作出 99 种故事。

一、修辞在法律写作中值得重视

有人富有修辞意识，会主动地选择表达模式和措辞来强化自己的观点；有人只是自发地按照自己的方式表达，并没有考虑自己的表达是否有说服力，以及别人能否接受。在一个视频课程中，苏力老师谈法学学术文章不重视修辞时说，法学圈有的学术著作就像催眠药，拿来读的时候，翻个三五页便眼睛干涩，再读几页就睡着了。确实学术写作本身就有些枯燥，但还是应该追求一下读者友好的表达方式，如果把读者哄睡了，也就不用提什么说服力了，学术写作的基本功能——观点交流、思想传播都免谈了。同样道理，实务中的法律写作也需要，甚至更需要讲究修辞，因为实务中法律写作的说服力效果比学术中的更立竿见影，直接地影响具体事情的处理结果。

二、运用修辞的三种形式

我们的基础教育中常常将修辞的概念与个别修辞手法对应，说到修辞的运用，可能容易想到比喻、排比、拟人等。其实，修辞的运用远远不止于此。修辞的本质是关于提高表达效果，追求有说服力的言语活动。亚里士多德提出，“由言辞而来的说服论证有三种形式，第一种在于演说者的品格，第二种在于使听者处于某种心境，第三种在于借助证明或表面证明的论证本身”。借用这个经典的框架，对应到法律写作中，修辞应用的形式主要有三种：作者品格、唤起共情、证明或表面证明的论证。

（一）作者品格

说服由某人进行的，所以首先要凭借其自身能力，话是同样的话，不同的人说，则效果不同，这里的效果首先是一种心理效果，尽管未必是理性的，但是很大可能会起作用。作者在该话题领域已经享有一定的知名度，具有一定的影响力，作者本身就有一定的说服力，反之则说服力减弱。比如，百度知道上有个问题，著名律师写的答案和普通网友写的答案，对于提问者来讲，仅看作者身份就会感到说服力有所不同；再如法庭上的书证，专家提供的意见与路人甲的意见说服力不同；可能说谎的人提供的证据，与一贯诚实的人提供的证据说服力也不相同……

（二）唤起共情

唤起共情，即作者要以读者能理解的方式和情境进行写作。其表现为吸引读者的兴趣，按照读者的思维框架表达，并以平实的语言写作。首先，就吸引读者的兴趣来说，要让读者有意愿来了解和阅读，可以用一个好标题，一个如“豹头”一般的好开头，以及一种不落窠臼的新颖方式。这方面建议可以分析一下许多经典演讲词、爆款文章、畅销书，以及成功广告的表现形式，会有诸多启发。其次，按照读者的思维框架表达，需要打破知识的诅咒。知识的诅咒，即你难以想象，你所知道的事情在不知道这件事的人看来是什么样子。打破知识的诅咒最简便之道是，在心态上把对读者说的“你能理解吗”变成“我讲清楚了吗”。最后，是用平实的语言。平实的语言跟表达风格有关，我们常喜欢用“娓娓道来”形容写作风格亲切平实，像说话一样，反其道用之，可以试着像跟读者对话一般进行写作，语言自然就平实了。

（三）证明或表面证明的论证

修辞是语言运用的艺术，是每一事例上可行的说服方式。论证是最核心的，语言有逻辑的力量，也有想象的力量，前者是语言表面的意思，后者是可以联想到的意思。有个耳熟能详的故事，一个人请四位朋友到家里做客，甲、乙、丙三位先到了，第四位迟迟未到。主人说：“该来的还不来。”甲听到后说：

“我是不该来的倒来了吗？”于是生气地走了。主人见甲走了，又说：“不该走的又走了。”乙听到后说：“这是说该走的还不走？”也生气地走了。见甲、乙两人都走了，主人着急地对丙解释说：“我不是说他们。”丙说：“那就是说我了。”于是也生气地走了。

何时把语言的运用限制在逻辑中，何时又留有想象，是修辞运用的精髓。上述小故事，如果主人说“丁还不来”而不是说“该来的还不来”，就没有其他想象了。另外，有时又需要留有一些想象。举个简单的例子，有一种汉堡，80% 是瘦肉，20% 是肥肉。产品宣传页上描述一个汉堡，可以写汉堡里 80% 是瘦肉，也可以写汉堡里 20% 是肥肉。消费者往往会认为，由 80% 瘦肉组成的汉堡要比由 20% 肥肉组成的汉堡更健康。

再举个例子，我们要考察一下三位律师在工程索赔领域的实力。1. 在过去的十年，甲律师在工程索赔纠纷方面胜诉率为 100%；2. 在过去的十年，乙律师在工程索赔纠纷方面胜诉率为 100%；3. 在过去的十年，丙律师在工程索赔纠纷方面胜诉率为 90%。一眼看去，甲和乙很有水平，真实情况可能是，甲律师十年之中做了一个工程索赔纠纷的案件，胜诉了；乙律师十年之中做了三个同类案件，胜诉了；丙律师十年之中做了十个同类案件，九件胜诉，一件败诉。

以上命题都是真的，但给人的想象不同。康德说：“一个人所说的必须真实，但是，没有义务把所有的真实都说出来。”选择哪些语言材料，给读者怎样的想象，引导读者走向作者试图说服的方向，就是修辞的自觉运用。

三、运用修辞，也警惕修辞

善用修辞，能增强法律写作的说服力，因此要有主动运用的意识，同时，也要有透过语言看本质的批判性思维，既要力求运用修辞达到说服和影响的目的，也要对他人的“文字游戏”和提供的思维框架保持警觉，不随便被牵着鼻子走。

我们不能阻挡一个故事有 99 种写法，但是要修炼自己的能力，把自己相信的故事写成最有说服力的那个。

如何给文章取个好标题

> 啥名儿啥画风，标题就是文章的“名儿”。

“名儿”有种令人能望文生义的神奇的力量，一提“名儿”，总能产生许多想象。尽管说“名儿”是代号而已，但是不止代号那么简单。“黄花菜”“忘忧草”“萱草”“宜男”，这是同一种花儿的四种花名儿，是不是画风迥异？放到文章上也一样。

文章的标题是文章的眼睛。

唐代画家张彦远在《历代名画记》中有这样的记载：张僧繇于金陵安乐寺画四龙于壁，不点睛。每曰：“点之即飞去。”人以为妄诞，固请点之。须臾，雷电破壁，二龙乘云腾去上天，二龙未点眼者皆在。

这段记载来源于下面的传说：

南北朝时期的梁朝，有位很出名的大画家名叫张僧繇，他的绘画技术很高超。当时的皇帝梁武帝信奉佛教，修建了很多寺庙，都让他去作画。传说有一年，梁武帝要张僧繇为金陵的安乐寺作画，在寺庙的墙壁上画四条龙。他答应了下来，仅用三天时间就画好了。这些龙画得栩栩如生、惟妙惟肖，简直就像真龙一样活灵活现。张僧繇画好后，吸引了很多人前去观看，都称赞画得好，太逼真了。可是，当人们走近一看，就会发现美中不足的是四条龙全都没有眼睛，这不合常理啊！

于是大家纷纷要求他，一定要把龙的眼睛点上。张僧繇解释说："给龙点上眼睛并不难，但是点上了眼睛这些龙就会破壁飞走的。"大家听后谁都不相信，认为他这样的解释很荒唐，墙上的龙怎么会飞走呢？日子长了，很多人以为他在说谎。张僧繇被逼得没有办法，只好答应给龙"点睛"，但是他为了要让庙中留下两条龙，只肯为其中两条龙点睛。

这一天，在寺庙墙壁前有很多人围观，张僧繇当着众人的面提起画笔，轻轻地给两条龙点上眼睛。奇怪的事情果然发生了，他给两条龙点上眼睛后，天空突然乌云密布，狂风四起，雷鸣电闪破墙而入，在雷电之中，人们看见被"点睛"的两条龙凌空而起，张牙舞爪地腾云驾雾飞上了天空。过了一会儿，云散天晴，人们被吓得目瞪口呆。再看看墙上，只剩下没有被点上眼睛的两条龙了。

这就是众所周知的"画龙点睛"的故事。之所以把这个耳熟能详的成语故事又详细地讲上一遍，是想衷心地强调标题的重要性。因为，实际中很多时候，标题并没有被花更多的精力来对待。

既然标题如此重要，如何来拟定呢？

根据多年的经验以及观察和思考，我认为好的标题符合以下一些原则。

一、名副其实

文章起个好标题，首要原则是名副其实。即正文浓缩出来的是什么，标题就是什么，正文好，标题也好。或者说这里讨论的是，一篇好文章怎么取个好标题，而不是"什么是好选题"，或者"如何取个吸引人的标题"。

黄世仁虽然叫黄世仁，但是他并不仁慈，也不会因为名叫黄世仁而变得仁慈。文章同样道理，如果名不副实，读者读完后第一感觉是上当受骗，一个上当受骗的人，能对文章、对作者有怎样的评价？能有好的印象吗？当然不能。这也是大家有的时候痛恨“标题党”的原因。“标题党”因为太会取标题了，以至于标题起得太好了，内容却相应地跟不上，让读者感觉受到了捉弄。

取个好标题的前提是写个好文章。文无第一，武无第二，好文章也要辩证地看。举例说，我们常常看到一些小朋友写的很有童趣的、混杂着注音和错别字的小文章，比如说《我的妈妈》，如果单纯地从作文的角度看，它并不能算是好文章，但是从成人了解孩子内心世界的视角，《孩子眼中的妈妈》就变成了一篇难得的、真实的、生动的文章。这里涉及寻找创意的视角。

二、定位及选择相应风格

文章的本质是表达，定位便是确定表达对象。要根据不同受众的接受风格拟定相应风格的标题。

作者认为写的是什么，受众认为它传递了什么，能接收到什么，横看成岭侧成峰。作者的文章用来跟同行研究交流，用来评职称，标题可以很学术；用来给实务界提供启发和方案，标题要有“有用”感；用来发表在新媒体平台，希望大众阅读，广泛传播，那么标题就要有“网感”。比如，同一篇文章，标题取为《最高人民法院民事审判思维实证研究：以四元结构为中心》和《法官如何裁判：最高人民法院民事审判要旨与思维》，明显就是不同的定位和风格。

之前在公众号读过一篇文章《汉语对现代文明的贡献有多大》，后来很偶然地看到作者刘周岩对一些读者评价的回应，他提道：“有一个批评是，文章内容讲的是语言，标题却是‘对现代文明的贡献’，其中‘现代’‘文明’‘贡献’的含义都不清楚。关于这一点，我表示赞同。文章原标题是《中文是一种有影响力的语言吗》，后来改为这个标题不是我决定的。我曾经笑称，如果这篇文章不是在网络上公开传播，而只是在我自己的朋友圈内部传播，那我要把标题取成《基于 UNESCO 翻译数据库对八十年代以来世界翻译书籍出版市场中中文译著的结构位置的初步探讨》一类，这样才比较符合我的同学们的口味。”

关于定位和风格，上述例子相对比较具体了。对于希望传播更广，更多人关注，面向大众的文章标题，再补充一个忌讳：忌太俗，也忌太雅。太俗的标题要么没格调，不入流，要么太普通，没有区分度；太雅的标题，则要么调儿太高，曲高和寡，要么不知所云，甚至容易让人起鸡皮疙瘩。风格上最好平易近人，雅俗共赏，这个听起来容易，做起来挺难的，因为不俗不雅，还要让读者有兴趣、有好奇，产生吸引力，真的是对才华和智力的双重考验。

三、提炼出恰当的关键词

关键词是文章的要旨和核心。好的标题一般就是关键词本身，或者是围绕关键词展开的一个短语，或一个短句。所以关键词的提炼非常重要，标题拟定要有关键词意识。

几年前，我家旁边有个粥店，我常去喝粥，印象非常深，店里有道菜叫扁豆炖粉条，但是端上来时，这道菜里有扁豆，有粉条，还有排骨！我就特别不能理解这道菜取名的逻辑。没有螃蟹的菜都要叫赛螃蟹，白萝卜要叫土参，豆腐要叫素鸡，这菜里有正儿八经的排骨，为啥名字要低调地叫扁豆炖粉条？

标题的关键字提炼，同样道理，最吸引人的内容一定不能被低调地忽视掉。

关键词的提炼有不同的方法，有直接的、写实的方法，比如《猫》，也有间接的、写意的方法，比如《围城》。不同的关键词就是不同的表达角度。

四、造句的艺术

当提炼出关键词之后，如果关键词本身简洁凝练、意味隽永，足够作为一个标题，那么取标题的任务就完成了。

有的时候，只是一个关键词是不够的，需要在关键词上做扩展。这就是造句的艺术了。利用关键词可以有很多种造句法，形成陈述句、疑问句、感叹句、省略句。造句不但考虑文字，还可以兼顾抑扬顿挫的音律，把备选的标题一一读出来，感受一下，一般朗朗上口的比拗口的传播性要好。

造句的过程，有时是反复交流、沟通、斟酌的过程，有时又会是灵感来袭，妙手偶得。

五、从头脑风暴到推敲决定

无论是定位风格、关键词提炼还是造句，标题拟定都不是一蹴而就的。为了能够取个最合适的标题，可以先头脑风暴，将不同定位、不同风格的，以不同的关键词为中心的标题，全部罗列出来，然后在对比中一一论证、推敲、确定。

六、名随主人

最后一个原则，名随主人。这是最洒脱、随意的一个原则。主人指的是作者。就是说，作者希望叫什么就叫什么，这是个创作的自由。

我们常把文章比作作者的孩子，就像给孩子取名字，有很多原则，不要有不好的谐音，不要有太生僻的字，不要太大而无当，等等。但是，放眼望去，与这些对着干的名字比比皆是，有可能是父母没注意，但是，更大的可能是以人家父母的审美，就是觉得挺好，毕竟很少有拿自己孩子开玩笑的父母。文章也是作者的孩子，同样道理，诸多原则，敌不过我愿意。

《民法典》刚刚颁布时，有人争论，最后一条的顿号是不是错了，我就写了一篇关于法律写作中的标点符号的小文章，标题是《标点符号：法律写作中的那件小事》。对于公众号平台来说，如果标题是《民法典最后一条的标点符号错了吗？ No！》，以彼时《民法典》的热度来说，更具有传播性，但是我写公众号文章的一个原则就是，尽量不蹭热点，按着既定的体系来一篇篇地写，我的目标是文章可以长期地放在那里，通过“法律写作”“标点符号”等关键词能够搜索出来，或者有读者打开公众号一篇篇地浏览，能感受到体系性，所以就不用特意带上《民法典》，果然，阅读量也一般。不过，这就是作者自己的一个自由了。自作自受，自娱自乐。

取个标题，无非如此。

一字值千金，以至关人命

> 你写的每个字词都会成为“呈堂证供”。

对于法律写作来说，思维是第一重要的。思维的问题解决了，字词的羁绊和语句的纠结一般只是局部技术。尽管这么说，战略也许决定了99%的胜算，也有可能因为局部的小问题让1%的风险变成100%的覆没。因此，我更愿意说，法律写作无小事。

一、一字值千金

在平克的《思想本质》一书中，提到一个案件：纽约世贸大楼在“9·11”事件中遭受袭击，需赔偿35亿美金，这个是世贸中心承租人拉里·西尔弗斯坦（Larry Silverstein）的保险理赔金额。按照保险单条款的规定，世贸中心遭受任何一次毁灭性“事件”，西尔弗斯坦都将得到一笔最高金额的赔偿。

为此，西尔弗斯坦和保险公司对簿公堂。律师团队辩论的核心就在于，“事件”这一词究竟该怎么定义？是把“一次策划”算为一次事件，还是把“两次坍塌”算为两次事件？这个差别是赔35亿美金，还是70亿美金。所以精确来说，不是一字千金，而是一字亿金了。

这个案件中，最终陪审团裁定，纽约世贸大楼在“9·11”事件中遭受两起袭击，相关的保险公司也应作出两次赔偿，不过，数额上取了折中，世贸大楼业主获得总额 46 亿美金的赔偿金。

这个案例中，推敲字词的意义显而易见。同一个词语可以根据立场不同、语境不同，对应不同的事实，从而产生完全不同的法律效果。就这个案例来说，我们现在无法以上帝的视角去求全责备当时的保险合同起草做到没有歧义，但是给我们的启发是，要尽可能地细致，避免法律写作中的字词含混不清。

法律写作要求严谨和认真，写作中的每一个字，每一个词，甚至每一个标点都至关重要，苦吟派诗人写诗要“吟安一个字，捻断数茎须”，法律人与之相比，只多不少。对字词的斟酌和精确一方面要求法律人有较高的文字处理能力和风险识别专业素养，另一方面也要求审慎负责、一丝不苟的专业态度。

字词中蕴藏着社会生活中芸芸众生的权利（力）、义务和责任，字词中也凸显法律人的职业水平和职业精神。

二、字词的歧义无处不在

日常的写作，随意抒发意趣，无伤大雅。但是在法律写作中，固定到纸面上的每个字词都要细致地穷其意思，尽可能让每个字词的含义唯一确定，将抽象的字词所能表示的生活中具体的情形预估得十分周全，否则用米兰达规则里警示嫌疑人的那句——“你说的每一句话都会成为呈堂证供”，用来警示法律人的职业行为也毫不夸张。

法律写作对遣词用字的重视，是个动态的、持续的过程。

举个简单的例子：在上大学之前，当说到“山药”时，我直接想到的是土豆，因为我老家管土豆叫山药。后来读大学，到了新城市，同学说她买了个山药，我一看是一个红薯，原来他们管红薯叫山药。再后来到了北京，又见到一种长管形的长胡须茎类蔬菜，被叫作山药。

试想，不同城市的人如果签订一批山药买卖合同，如果没有额外地注意和确认，有可能发生供货错误。这时法律写作体现为设定权利义务，如果在起草合同时考虑到不同理解，进行唯一化，就会避免纠纷。而如果供货错误已然发生，各方如何论证来支持自己的主张，又是一番不同立场下咬文嚼字的过程，这时法律写作体现为往来交涉，争取各自利益。而双方如不能自行解决，诉诸仲裁或法院，中立的裁判者需要对字词明确，法律写作体现为定分止争的判决书。

各种各样的歧义无处不在，法律写作中对字词的警觉和深思熟虑便贯穿于起草规则、执行规则、适用规则的过程中。

三、字词与立场

字词的歧义无处不在，歧义的背后是不同的立场，通过字词的斟酌并明确措辞，实现预期目的，是法律写作中以技术实现立场的途径。通过遣词用字的技术来实现立场甚至价值观，这是法律人的素养。

法律写作需要尽力对其含义有明确的预判，才能保证风险小一点儿，更小一点儿。这种意义上的歧义，只能尽量减少，不可能消灭。因为世界上不可能只有一种立场。国际大专辩论赛的经典之辩——“金钱是万恶之源”VS“金钱不是万恶之源”，辩论的关键是“万”的解释，正方把“万”解释为很多，反方把“万”解释为一切。在此基础上，一个字就是一种立场。

电视剧《爱的迫降》中有个好玩的桥段，两个搞笑角色本来想以男主李政赫殴打军官为由兴师问罪，忽然听说人家是总政治局长唯一的儿子，马上转变立场，给自己找台阶：自古以来，用拳头打人才算殴打，据说我们李政赫同志，张开了五指打人，怎么能叫殴打呢？细思这两位看人下菜碟的活宝真是头脑灵光，反应极快，仅仅以区分一下“殴打”一词的含义，就实现了完全相反的目的。

以此观之，一方面，法律写作中用的字词不容小觑，也许一个字词会成为影响事件走向的转折点；另一方面，表面看似字词的争议导致适用上的见仁见智，实则是由于立场的迥异。如何解释字词，也为纠纷解决提供不同的思路。

四、“抠字眼”是一种思维方式

我在《重新定义“法律人思维”》一文中，首要提到的法律人专业思维是概念思维，“抠字眼”正是概念思维在法律写作中的体现。

比如，《最高人民法院公报》2007 年第 11 期的《中国平安财产保险股份有限公司天津市宝坻支公司与杨树岭保险纠纷上诉案——第三者责任保险合同中第三者的范围》一文，随着法官对“第三者”“家庭成员”的范围进行检索、论证、明确，进而得出案件处理的结论。

反过来，司法实践中对这两个词用法的论证、认定，对于立法中“第三者”是否进一步规定（法条怎么写），日后保险公司保险合同的起草（合同怎么起草），都会引起相关法律职业人士的进一步关注。

字词的推敲、斟酌，从纸上到实践，再从实践到纸上，“抠字眼”的法律写作连接着立法、实践和司法，一字一词的关照和修改使法律人经验日益丰富，也使法治日益完善。

有句话调侃“认真你就输了”，但是对于法律人绝对是“不认真你就输了”，毕竟，对于法律写作来说，一字一词皆非小事。

法律写作中易混易错字词辨析84例

[错别字：那件致命的小事。]

错别字对于法律人来说，等于低级错误，一旦犯了低级错误，往往就会被贴上“不靠谱”的标签。而低级错误又被默认为不应该犯的错误。如何避免“不应该”的错误？这个问题是无解的。其实没有什么错误是“不应该”的，所以首先要把低级错误也认真对待，科学认识和分析错别字发生的原因，采取具体措施避免或修正错误，拒绝抽象地说“认真点”，切实地从一点一滴具体的行为入手。

一、“审判”错别字

场景1：这里有个错别字！

哎呀天哪，我怎么会写错了呢？太低级了！

场景2：这里有个错别字！

是吗？错了吗？哪里错了？我一直这么用的，怎么会错呢？哦！原来错了。

场景3：这里有个错别字！

怎么会呢？我已经认真地检查过好几遍了，怎么还有错？

以上三种情形大致包含错别字发生的场景，对于写作者来说，一般可以有两种归因：一是缺少校对流程，二是能力和认知问题。

对于因流程问题发生的错别字，做好流程管理，增加校对流程灭错即可，重点内容的审校可参考出版的“三审三校”流程。然而，如果经过校对，甚至校对很多遍，就是无法发现错误，那就是能力和认知问题，需要学习知识，提升能力。具体来说，一是要重视语文知识和专业知识的积累，二是注重总结宝贵的经验。

二、法律写作中易混易错字词辨析

能够火眼金睛般识别错别字，有丰富的错别字校对经验，本质上是对经常性错误的敏感。将高频发生的错别字总结出来并不断更新，就像将经验变成了预装在头脑中的程序并不断更新一样，是一点一滴具体提升能力的行为。以下是法律写作中易混易错的字词辨析。

（一）易混字词

1. 定金　订金

定金是法律术语，具有法律上担保的意义。订金则不是。

2. 制定　制订

根据《现代汉语词典（第七版）》（以下简称《现代汉语词典》），制定是指“定出（法律、规程、政策等）”；制订是指“创制拟定”，组词是“制订工作计划”。在法律写作中，一是仔细辨析二者微妙的差别，二是援引文件务必对照原文。

3. 折扣　回扣

折扣是在标价的基础上按成数降价的出售方式；回扣是从买主支付的价款中扣出的。

4. 劳务　劳动

劳务和劳动在和“关系”搭配时，务必注意，因一个字之差，权利义务有很大不同。

5. 假象　假相

《现代汉语词典》中，假象和假相都有，但是假象是首选词，所以，一般写作“假象”。

6. 给予　给与

《现代汉语词典》中两者都有，前者是首选词。

7. 赠与　赠予

《现代汉语词典》中两者也都有，赠予是首选词。但是在法律文件中，这两个词的用法并不统一。有的法律用赠与，有的用赠予，不能随意修改。

8. 勘察　勘查

根据《现代汉语词典》对勘察和勘查词条的释义，勘察的范围大于勘查，能用勘查的地方都能用勘察。但是，法律写作中需要注意跟不同的规范性文件原文核对，保持一致。

9. 侦查　侦察

侦查是法律用语，侦察是军事用语。

10. 收集　搜集

这两个词都有，注意区分使用场合，如收集、提供证据；搜集情报、信息。

11. 折衷　折中

这两个词在《现代汉语词典》中都有，折中是首选词。

12. 抵销　抵消

这两个词也有微妙的区别。抵销是指冲抵勾销，一般用于抵销债务；而抵消是指两种事物的作用因相反而互相消除，如药效抵消。民法上的抵销制度是前者。

13. 撤销　撤消

这两个词《现代汉语词典》都有，前者是首选词。

14. 附合　附和

附合是一种民法制度，注意不要误写为附和。附和是指言语、行动追随别人。

15. 权利　权力

权利一般是公民和法人依法享有的，与义务相对应；权力是政治上的强制力量，或职责范围内的支配力量，一般与职责相对应。

16. 法制　法治

法制指的是法律制度体系，法治指的是根据法律治理国家和社会。

17. 抚养　赡养　扶养

长辈抚养晚辈，晚辈赡养长辈，扶养用于平辈之间。

18. 做法　作法

做法是制作物品或处理事情的方法；作法一是指道士施行法术，二是指作文的方法。

19. 作出　做出

需要注意的是，法律写作中作出判决、决定都用作出。

20. 编纂　编撰　编篡

编纂一方面是立法上的专业术语，如《民法典》的编纂；另一方面是指资料较多、篇幅较大著作的编辑工作，如编纂词典。编撰是指编纂，撰写。常犯的错误是编纂使用不当，以及将纂误写成篡。

21. 篡改　窜改

篡改是指用作伪的手段改动或者曲解（经典、理论、政策等），窜改是指改动（成语、文件、古书等）。

22. 实行　施行　试行

实行，用行动来实现（纲领、政策、计划等）；施行，是指方针、政策等从某一天发生效力；试行是实行起来试试。

23. 制伏　制服

制伏，是指用强力压制使屈服或驯服，如制伏歹徒；制服一是指用强力压制使驯服（注意没有屈服），如制服烈马，二是指有规定样式的服装。

24. 修改　修订　修正

修改是个上位概念，修订是修改订正，法律修订一般施行时间相应改变；修正是修改使正确，法律修正一般施行时间不变。

25. 雇佣，雇用

雇佣是指用货币购买劳动力，如雇佣兵；雇用是指出钱让人为自己做事，如雇用临时工。

26. 授权　受权

授权无须赘言，注意受权本身也是一个词，如“新华社受权发布”。

27. 盈利　赢利　营利

盈利，扣除成本后获得的利润，也写作赢利；营利，谋求利润。

28. 缴纳　交纳

缴纳多指履行义务或强制交付，交纳是指交付金钱或实物。

29. 税负　税赋

税负指的是税收负担，税赋是指国家强制征收的税收。

30. 询问　讯问

注意讯问犯罪嫌疑人时用讯问。

31. 含义　涵义

含义和涵义都可以，含义是首选词。

32. 爆发　暴发

爆发，用在火山爆发、战争爆发等；暴发，用于暴发户、山洪暴发等。

33. 反映　反应

关于映射，以及把情况告诉相关人或机构时，用反映；因为作用而发生变化的场合用反应。

34. 泄露　泄漏

在一般情况下，泄露的内容比较抽象，如机密；泄漏的内容比较具体，如液体、气体。此外，两者也通用，泄露为首选词。

35. 渡过　度过

渡过是指从一面到另一面，如渡过长江，渡过难关；度过是指时间的经过，如度过今晚。

36. 其他　其它

其他和其它《现代汉语词典》也都有收录，其他是首选词。

37. 城乡结合部　城乡接合部

根据数据库搜索，两个词都在用，现城乡接合部更多见。

38. 树立　竖立

树立用于建立抽象的好的事情，如树立形象、树立品牌；竖立用于竖起来具体的事物。

39. 登录　登陆

登录是指登记、注册，计算机用户输入用户名和密码，以取得计算机网络系统的认可；登陆指渡过海洋登上陆地，或者商品打入某个市场。

40. 记录　纪录

记录和纪录很多场合是通用的，比如指记下来时，记录是首选词，而指纪（记）录片时，首选词是“纪录片”。指某一指标达到的数据或水平时，要用纪录，如打破纪录。

41. 终生　终身

终生和终身都有“一生”的意思。终身常用于切身的事儿，如终身大事、终身之计、终身教育；终生用的场合如奋斗终生、终生难忘。

42. 毋庸置疑　无庸质疑　勿庸置疑

毋庸和无庸是规范的，毋庸是首选词。质疑是指提出疑问，置疑是指怀疑，多用于否定，不容置疑，无庸置疑。

43. 截止　截至

截止，是指（到一定期限）停止，如报名在昨天已经截止。截至，是指截止到某个时候，如报名日期截至本月底。

（二）易错字词

1. 真相　真象

目前，真相的写法是规范的。语言文字具有流动性，“真象”一词原来广为使用，后来渐渐地变成“真相”，现在一般写作“真相”，但需要注意的是，《刑事诉讼法》第53条中的“真象”，不能改成“真相”。

2. 鉴定意见　鉴定结论

鉴定结论是曾经的法律术语，2012年《民事诉讼法》修订时，将“结论”改为“意见”，后其他规范相应更新，鉴定结论即成为一个过时的概念。同样道理，2021年《民事诉讼法》修改，将“抚育费”改成“抚养费”，“意外事故”改成“意外事件”，这些术语的变化，在写作时需要注意。

3. 市场监督管理局　工商管理局

根据2018年国务院机构改革方案，不保留国家工商总局，组建国家市场监督管理总局，相应地，地方的机构名称和职能都相应调整。写作中，以2018年3月13日为界，此后的“工商”字眼，需更新为“市场监督”，类似的机构措辞都需注意，不一一列举。

4. 法治日报　法制日报

与上例相似，2020年8月1日，《法制日报》更名为《法治日报》，以此时间为界，此后的使用也需要注意。

5. 施行　旅行

法律施行，五笔输入常容易误写为旅行。

6. 中华人民共和国　中国人民共和国

这里的中华，容易误写成中国。

7. 报纸杂志　报刊杂志

报刊的意思是报纸和杂志的合称，所以正确的应该是报纸杂志。

8. 罪刑法定　罪行法定

这里的“刑”和“行”要注意，拼音输入容易犯错误。

9. 免予处罚　免于处罚

免予处罚是规范用法。

10. 搜查　收查

搜查是常用词，而收查单独使用一般是错的，常常是接收查询、验收查阅等连用。

11. 乘人之危　趁人之危

民法中使用的是乘人之危，在《现代汉语词典》中，乘人之危，释义是趁着人家危急的时候去侵害人家。《现代汉语词典》没有收录趁人之危这个词。

12. 径行　迳行

按照《现代汉语词典》应该是径行，迳字只有跟地名有关的释义。

13. 所作所为　所做所为

大多用所作所为。

14. 法律的适用　法律的使用

此处容易产生拼音输入的错误。

15. 竞合　竟合

竞合是正确的。

16. 登记簿　登记薄

簿和薄，是特别高频的错误。

17. 牟利　谋利

牟利，谋取私利，含否定意味。

18. 列举　例举

列举，常误写为例举。

19. 科以义务　课以义务

科有判定的义项，如科以义务，科刑；课有征收的意思，可以说课税。

20. 惩戒　惩诫

正确写法是惩戒。

21. 涵括　含括

涵盖包括，用涵括。

22. 事非经过不知难　是非经过不知难

此处的“事”容易写错成“是”。

23. 再审申请人　申请再审人

2016年,《最高人民法院关于印发〈人民法院民事裁判文书制作规范〉〈民事诉讼文书样式〉的通知》中，明确了再审民事案件当事人的诉讼地位表述为“再审申请人”“被申请人”。

24. 含糊其词　含糊其辞

《现代汉语词典》的例词中用的是“含糊其词”。

25. 义正词严　义正言辞　义正辞严

义正词严和义正辞严,《现代汉语词典》都有收录，义正词严是首选词。义正言辞是误写。

另外，辞令、辞章，词令、词章都是对的，辞令和辞章分别是首选词。

26. 违反法律　违法法律

违反，常误写为违法。

27. 心里着急　心理着急

心里着急，常误写为心理着急。

28. 账号　帐号

因“帐”旧时同“账”，现除了表示遮蔽的东西，其他应用“账”。账号、账簿、账单等。

29. 张贴　张帖

“贴”有表示薄片状的东西粘在另一个东西上，所以应该用张贴。

30. 坐落　座落

坐落，容易写错成座落。

31. 利害关系　厉害关系

利害关系，容易写错成厉害关系。

32. 他山之石　它山之石

“他”有指另外的、别的等释义，如他日、他乡，所以应该用他山之石。

33. 一幅画　一副画

注意此处幅容易误写成副。

34. 贸然　冒然

贸然，常误写为冒然。

35. 分量　份量

分量，常误写为份量。

36. 抑或　亦或

抑或，常误写为亦或。

37. 天平　天秤

天平是指计量仪器，常误写为天秤，星座有天秤（chèng）座。

38. 相片　像片

相片，常误写为像片。

39. 摄像　摄相

摄像，常误写为摄相。

40. 形式　型式

形式，常误写为型式。

41. 补办　不办

补和不的错误，是拼音输入法的原因，如果看到“不办”二字务必警惕。

标点符号：法律写作中的那件小事儿

越小的地方，越见精神。

引子

《民法典》刚刚颁布，有认真的律师提出了对于标点符号使用的意见——最后两条中的13处顿号应当删除。原因是《标点符号用法》（GB/T 15834—2011）中规定，标有引号的并列成分之间、标有书名号的并列成分之间通常不用顿号。例如，“日”“月”构成“明”字。《红楼梦》《三国演义》《西游记》《水浒传》，是我国长篇小说的四大名著。

《民法典》最后两条分别是：

民法所称的“以上”、“以下”、“以内”、“届满”，包括本数；所称的“不满”、“超过”、“以外”，不包括本数。（第一千二百五十九条）

本法自2021年1月1日起施行。《中华人民共和国婚姻法》、《中华人民共和国继承法》、《中华人民共和国民法通则》、《中华人民共和国收养法》、《中华人民共和国担保法》、《中华人民共和国合同法》、《中华人民共和国物权法》、《中华人民共和国侵权责任法》、《中华人民共和国民法总则》同时废止。（第一千二百六十条）

上述顿号是否应该保留？标点符号是很小的事儿，但是正因为对小事儿认真，更凸显法律人的严谨。《民法典》这样万众瞩目的立法，关于这处顿号的用法，肯定是经过考虑的。那么，到底为什么要这样用？以下从客观的规则适用以及文字工作经验角度来进行分析，以探求这个细节的缘由，并顺便谈谈法律写作中标点符号的用法。

既是法律写作，当然要坚持以法律思维来发表意见，也必然要以法律思维来看待这件小事儿。即立法中的标点如何使用，这是个规则适用的问题。

目前来看，立法中关于标点符号使用有两个依据，一是上述《标点符号用法》（GB/T 15834—2011），二是《全国人民代表大会常务委员会法制工作委员会关于印送〈立法技术规范（试行）（一）〉的函》（法工委发〔2009〕62 号）。

首先，看这两个文件的性质和效力。《标点符号用法》是一个国家标准，根据《标准化工作指南第 1 部分：标准化和相关活动的通用词汇》（GB/T 20000.1—2002）的规定，标准是指为在一定范围内获得最佳秩序，经协商一致制定并由公认机构批准，共同使用和重复使用的一种规范性文件。

标准有不同的分类，国家标准、行业标准和团体标准，强制性标准和推荐性标准等。《标点符号用法》便是一个推荐性的国家标准（T 是 tuijian 的首字母）。按照一般情况我们应该使用国家标准，那么为什么民法典关于顿号的这处没有使用呢？

且看另一个文件，即上述的《立法技术规范（试行）（一）》，从函件文号及正文中提到的“经报常委会领导同志同意”来看，这是一个全国人大常委会法制工作委员会（以下简称法工委）的工作文件。该文件在第一部分“一、法律结构规范……4. 法律适用关系条款”中规定了“新法颁布后，涉及相关法律有关规定的适用问题时，一般采用具体列举的方式；难以全部列举的，在具体列举之后，再作概括表述。示例 1：《中华人民共和国 ×× 法》、《中华人民

共和国 ×× 法》、《中华人民共和国 ×× 法》与本法的规定不一致的，适用本法”。

在第二部分“二、法律条文表述规范……12. 标点符号的使用”中规定了“12.2 一个句子内部有多个并列词语的，各个词语之间用顿号，用‘和’或者‘以及’连接最后两个并列词语”。

这两个文件一个是推荐性国家标准，另一个是国家机关发布的工作文件，当发生冲突时，因《立法技术规范（试行）(一)》发布于 2009 年，新版《标点符号用法》国标发布于 2011 年，从保持立法技术的一致性来说，应该要加顿号的。因此，《民法典》最后两条的标点符号使用无疑是没有问题的。

其次，看我们日常的法律写作。我们法律类出版物中标点使用是依照《标点符号用法》国家标准的，因为在出版物编校质量检查中，标点符号使用正误的判定依据是国标。实践中，传统的并列成分间加顿号的现象依然常见，但是现在法律圈越来越多的人知道了书名号和引号并列时省略顿号的用法，很大程度上也是《标点符号用法》国标普及的结果。

另外，《民法典》最后两条并列成分之间是有顿号的，而个别法律是依照国标的。例如，《民法总则》最后一条就是没有使用顿号的，如果查询会发现，全国人大常委会发布的法律文件以及国务院制定的行政法规，大多数是有加顿号的，但也有少数是没有加的。

为什么会出现这些龃龉？我认为，当时 2011 版国标的制定在涉及顿号的用法上是不够科学的。据说，2011 版标点符号国标涉及顿号修订——根据有无加入其他成分规定了两种较为复杂的用法，是为了好看。标准宜以科学、技术和经验的综合成果为基础，以促进最佳的共同效益为目的。

2011 年版的国标在起草时，法工委的《立法技术规范（试行）(一)》是个业已存在的严肃的、重要的工作文件，例句中明明有“《中华人民共和国 ×× 法》、《中华人民共和国 ×× 法》、《中华人民共和国 ×× 法》”这样的字样，并且人们日常写作的习惯普遍是用顿号分隔并列成分的——我们平时遇到的稿件很多采用顿号的原来用法，就可见一斑。置严肃的用法和习惯于不顾，单纯好看的导向反而带来了混乱。

出于推荐性国家标准的效力，广大的报纸、杂志、出版单位的文字处理工作中一般是依照国标的。但是在顿号使用这个问题上，由于前述原因，一般法律以及国务院文件采用工作文件标准。

所以，这种不统一在可见的未来仍然会存在。细心的读者会发现，具体到本书，顿号的使用也没有完全统一，因为出版流程中要优先依据国标省略顿号，而涉及法律条文引用，引用原文不省略顿号。在此也呼吁标点符号国标修订时解决这个问题。当然，在没解决之前，我们只能说这两种用法都不能算错。

说完顿号的使用，接下来顺便聊聊法律写作中的标点符号使用，依据仍然是上述的《标点符号使用法》（GB/T15834—2011）。

法律写作的文风一般是理性、严谨，没有很强的感情色彩，所以在标点符号的使用上，主要有逗号、句号、分号、顿号、引号、冒号、括号、书名号 8 种，学术译著中还常见下脚点。基本很少见叹号、问号等具有强烈感情色彩的符号。

一、逗号

逗号表示句子或语段内部的一般性停顿。逗号的使用一般人都比较熟悉，因为逗号是最常用的符号，用途最广泛，用法最灵活，也最难掌握。需要注意的是，对于逗号要有足够的警惕，逗号点在不同的位置会产生不同的意思。

例如，有个宪法史上传为美谈的关于逗号的故事。

2004 年，第十届全国人民代表大会第二次会议最后表决通过了《中华人民共和国宪法修正案》。涉及公共利益的相关规定为：“国家为了公共利益的需要，可以依照法律规定对土地实行征收或者征用并给予补偿。”“国家为了公共利益的需要，可以依照法律规定对公民的私有财产实行征收或者征用并给予补偿。”

在审议时原表述为：“国家为了公共利益的需要，可以依照法律规定对土地实行征收或者征用，并给予补偿。”“国家为了公共利益的需要，可以依照法律规定对公民的私有财产实行征收或者征用，并给予补偿。”

点在“并给予补偿”前面的一个逗号引起了有些代表的疑虑。有代表提出，以上两处规定中的“依照法律规定”，是只规范征收、征用行为，还是也规范补偿行为，应予明确。

大会主席团经研究认为，宪法修正案草案上述两处规定的本意是：“依照法律规定”既规范征收、征用行为，包括征收、征用的主体和程序，也规范补偿行为，包括补偿的项目和标准。为了避免理解上的歧义，建议在最终的定稿中将上述两处规定中“并给予补偿”前面的逗号删去。

删除一个小小的逗号，彻底消除可能的歧义，体现了宪法的立法水平和严谨。

二、句号

句号，表示一句话结束，使用比较广泛。有的人习惯于“一逗到底”，在完整表达一句话后，仍然用逗号。这样容易引起读者对文章意思的误解，甚至给人逻辑混乱的感觉。在一句话表达完毕后，应该使用句号以示结束。另外，在以下一些情况中，需要注意不用句号。

1. 图或表中的短语式说明文字，中间可用逗号，但末尾不用句号。即使有时说明文字较长，前面的语段已出现句号，最后结尾处仍不用句号。

例如，

注：以上各项数据统计截止时间为 2019 年 12 月 31 日；律师人数统计以

持有执业证书为准

附件：关于投票表决中华人民共和国宪法修正案草案有关事项的说明

2. 文章标题的末尾通常不用句号，但有时根据需要可用问号、叹号或省略号。

三、分号

分号表示复句内部表并列关系的分句之间的停顿，以及非并列关系的多重复句中第一层分句之间的停顿。需要注意的是，分项列举的各项有一项或多项已包含句号时，各项的末尾不能再用分号。

四、顿号

顿号表示语段中并列词语之间或某些序次语之后的停顿。除了一开始分析的顿号的用法之外，还需要注意的是，在书名号中并列成分不用顿号，而是用空格，这在各部门联合发文中比较常见。

还有在标题序号之后顿号的用法：一、（一）1.（1）这样的标题层次是正确的，有人在（一）和 1 后面喜欢用顿号，是错误的。

五、引号

引号表示语段中直接引用的内容或需要特别指出的成分。需要注意的是，对于法条原文引用时用引号，如果是法条意思的概括，不用引号，所谓法条原文指的是一字不差。

另外，独立成段的引文如果只有一段，段首和段尾都用引号；不只一段时，每段开头仅用前引号，只在最后一段末尾用后引号。

六、冒号

冒号表示语段中提示下文或总结上文的停顿。需要注意的是一个句子内部一般不应套用冒号。在列举式或条文式表述中，如不得不套用冒号时，宜另起段落来显示各个层次。

例如，

遗产按照下列顺序继承：

第一顺序：配偶、子女、父母。

第二顺序：兄弟姐妹、祖父母、外祖父母。

七、括号

括号表示语段中的注释内容、补充说明或其他特定意义的语句。

括号的主要形式是圆括号“（ ）”，其他形式还有方括号“［ ］”、六角括号“〔 〕”和方头括号“【 】”等。

比如，民法所称的“以上”、“以下”、“以内”、“届满”，包括本数；所称的“不满”、“超过”、“以外”，不包括本数。（《民法典》第一千二百五十九条）

公文发文字号中的发文年份用六角括号。示例：国发〔2011〕3号文件，六角括号在国家标准《党政机关公文格式》和《标点符号用法》中都有明确要求。

需要注意的是，所有括号（特别是同一形式的括号）应尽量避免套用。必须套用括号时，宜采用不同的括号形式配合使用。一般来说，比较容易出现在小括号中再次使用小括号的错误。

八、书名号

书名号标示语段中出现的各种作品的名称，有书名号和单书名号两种形式。法律写作中需要注意的是文件名称是什么就在其两端加书名号，不能以将文件名称进行概括加书名号。

例如，对《最高人民法院关于适用〈中华人民共和国民事诉讼法〉的解释》中的“最高人民法院关于适用《中华人民共和国民事诉讼法》的解释”加书名号，而不能直接写成《民事诉讼法司法解释》。但是如果做了注释：《最高人民法院关于适用〈中华人民共和国民事诉讼法〉的解释》（以下简称《民事诉讼法司法解释》），则又是可以的了。

此外，有的文件文件名套文件名，这时也是要书名号和单书名号交叉来用。最外层的应该是书名号。

九、下脚点

不带括号的阿拉伯数字、拉丁字母或罗马数字做序次语时，后面用下脚点（该符号属于外文的标点符号）。例如，1.2.3. A.B.C. 等。

当外国人名中有外文缩写字母时，外文与中文译名中间，应用下脚点，不宜用中文间隔号。比如，埃德加·博登海默（Edgar Bodenheimer）写为 E. 博登海默。这是因为，这里的下脚点表示前面的大写字母是缩写，而间隔号则只表示关联成分之间的分界。

结语

很小的时候，听说过一则关于标点符号的故事。“下雨天留客天留我不留”

这样的一个没有标点的句子，在不同的地方加上标点，能表达出各种意思。写这篇时好奇地考证了一下，出自清人赵恬养的《增订解人颐新集》。

这个故事是标点符号重要性的极端例子了，在写作中，标点似乎是件小事儿，但是又绝不是小事儿。

对于法律写作来讲，越是小事儿，越不能疏忽。这是法律严谨性的题中之义。

法律写作中的数字用法

> 一个零，就能把标的额放大 10 倍。

上文《标点符号：法律写作中的那件小事儿》里，以《民法典》最后两条的顿号使用为引子，基于《标点符号用法》（GB/T 15834—2011），聊了聊法律写作中几种常用的标点符号使用的高频误区和正确使用方法。

文章表达的核心意思是统一的形式很重要，更重要的是这种貌似不起眼的形式有时会有实质性的影响，比如影响到语义，进而影响到权利、义务的分配。相较于前者的形式统一，后者更应警惕，所以强调虽是小事儿，却不容小觑。

在文章发表后，有很多朋友交流，出乎意料的是基本没有人提及后者，而是清一色地关注前者。在此，我想强调一下，形式上的统一很有必要，我们必须重视形式，但我们的重视不应止于形式，而是通过重视、关注形式和细节，保持形式的美感，并提防和避免实质的失误。

关于形式，统一即可。援引詹卫东老师的一段话："英国作家乔纳森·斯威夫特的传世之作《格列佛游记》讲述了小人国的人们因为吃鸡蛋时应先敲破圆头还是先敲破尖头争论不休引发内战的故事。这个虚构的故事跨越时空，至今对人类社会仍具显明意义。圆头和尖头之争本身并不是坏事。坏事在于争到不可开交打起架来。"

法律写作中还有一类细节的处理，跟标点符号使用有些相像，都是看似不起眼的小事儿，是一些形式问题，但是在某些情况下会发生争吵，在某些情况下事关重大，那就是数字的用法。

关于法律写作中的数字用法，先要看有没有相关规定，有规定依规定。比如，最高人民法院印发的《人民法院民事裁判文书制作规范》规定了民事判决书中法条援引第多少条要用汉字，尾部时间落款要用汉字。在没有相关规定的情况下，要注意两个层次，一是形式美，二是清晰准确表达。数字的使用主要是参考一个推荐性的国标，即《出版物上数字用法》(GB/T 15835—2011)。虽然有些法律写作并非用于出版，但是任何使用数字写作的场合都有如同吃鸡蛋的圆头尖头之争，有这个规范作为参考，便可避免纷争。

一、阿拉伯数字，还是汉字数字

(一) 总的原则

按照国标规定，数字用法应遵循“得体原则”和“局部体例一致原则”。

根据《现代汉语词典》，得体的解释是：(言语、行动等)得当；恰当；恰如其分。而得当、恰当、恰如其分是什么？基本跟得体是同义重复，因为不可量化，很难精确，所以，“得体原则”在具体操作中有一定的弹性，需要自由裁量。

相对于“得体原则”，“局部体例一致原则”更好理解，也更方便应用，因为“一致”是个是非问题，要么一致，要么不一致，很好判断。

法律写作中数字的用法，首先，要保证精确地表达，不发生歧义，如“现场有三四个人”，不能写成“现场有34个人”，这样会带来理解上的困惑。其次，为追求醒目、清晰效果以及习惯用阿拉伯数字的地方，要用阿拉伯数字；为追求庄重效果以及习惯用汉字数字的地方，要用汉字数字。最后，两可的情况，要以“得体”为原则，坚持同类别同形式数字的局部相一致。

（二）应该用阿拉伯数字的情况及用法

1. 在使用数字进行计量的场合，为达到醒目、易于辨识的效果，应采用阿拉伯数字；当数值伴随有计量单位时，如长度、容积、面积、体积、质量、温度、经纬度、音量、频率等，特别是当计量单位以字母表达时，应采用阿拉伯数字。

比如，每天按本金的 0.7% 支付违约金；股权转让款 430 万元；转让的房屋面积为 100 ㎡。

2. 在使用数字进行编号的场合，为达到醒目、易于辨识的效果，应采用阿拉伯数字。

比如，电话号码、邮政编码、公民身份号码、行政许可登记编号等。

2012 年印发的《党政机关公文处理工作条例》明确指出：“成文及发文日期中的数字改用阿拉伯数字。”

2012 年最新版的《党政机关公文格式》中也有相关说明，“用阿拉伯数字将年、月、日标全，年份应标全称，月、日不编虚位（1 不编为 01）”。公文形式的法律写作需要遵守这个标准。例如，2012 年以前用“二〇一〇年五月三日”，2012 年以后用“2019 年 8 月 7 日”。

3. 已定型的含阿拉伯数字的现代词语，如一些社会生活中出现的事物、现象、事件，其名称的书写形式中包含阿拉伯数字，已被广泛使用而稳定下来。

比如，5G、“12·4”国家宪法日。

（三）应该用汉字数字的情况及用法

1. 非公历纪年干支纪年、农历月日、历史朝代纪年及其他传统上采用汉字形式的非公历纪年等，应采用汉字数字。

比如，万历十五年；正月初五。

2. 概数数字连用表示的概数、含“几”的概数，应采用汉字数字。

比如，三四个月、三四十岁、万分之几等。

3. 已定型的含汉字数字的词语。

比如，星期一、八路军、四个意识、五位一体等。

（四）两可的情况

如果表达计量或编号所需数字个数不多，选择汉字数字还是阿拉伯数字在书写的简洁性和辨识的清晰性两方面没有明显差异时，两种形式均可使用。

比如，第 3 条（第三条）；3 倍（三倍）；100 多个规定（一百多个规定）；20 余次（二十余次）；第 25 页（第二十五页）；120 周年（一百二十周年）；下午 4 点 40 分（下午四点四十分）；等等。

如果要突出简洁醒目的表达效果，应使用阿拉伯数字；如果要突出庄重典雅的表达效果，应使用汉字数字。

比如，“十三届全国人大三次会议”，由于这类会议的重要性，形式上体现庄重典雅的风格，就不写为“13 届全国人大 3 次会议”。同理，“六方会谈”不写为“6 方会谈”。

但是，同样的内容在不同载体也不同，比如一部应用类的法律图书中为了便于读者查询，法条顺序的写作可以用“第 5 条、第 6 条”，但是判决书作为很庄重的法律文书，写作时要用“根据某法第五条、第六条……”。

这在《立法技术规范（一）》中也有体现：

“11. 数字的使用　11.1 序数词、比例、分数、百分比、倍数、时间段、年龄、人数、金额，以及表示重量、长度、面积等计量数值的数字，均用汉字数字表述。示例：宪法的修改，由全国人民代表大会常务委员会或者五分之一以上的全国人民代表大会代表提议，并由全国人民代表大会以全体代表的三分之二以上的多数通过。”

另外，在法律写作中，为防止篡改，可同时采用汉字数字和阿拉伯数字，且汉字数字大写。比如，货款为 4500 元（肆仟伍佰元整）。

在两可的情况下，不管用阿拉伯数字还是汉字数字，同一场合出现的，应坚持“同类别同形式”，即如果两数字的表达功能类别相同（比如都是表达年月日时间的数字），或者两数字在上下文中所处的层级相同（比如文章目录中同级标题的编号），应选用相同的形式。反之，如果两数字的表达功能不同，或所处层级不同，可以选用不同的形式。

比如，“第一章、第二章”，不写为“第一章、第 2 章”；而第二章的下一级标题可以用阿拉伯数字编号：2.1、2.2……

二、数字形式的使用及注意事项

（一）阿拉伯数字的分节

为便于阅读，四位以上的整数或小数，可采用千分撇和千分空的方式来分节。整数部分每三位一组，四位以内的整数可以不分节。

需要注意的是，用千分撇的情况，小数部分不分节；用千分空的情况，从小数点起，向左和向右每三位数字一组，组间空四分之一个汉字，即二分之一个阿拉伯数字的位置。

比如，123,000；1000.12；32235 367.346 23。

（二）数值范围

在表示数值的范围时，可采用波浪式连接号“~”或一字线连接号“—”。前后两个数值的附加符号或计量单位相同时，在不造成歧义的情况下，前一个数值的附加符号或计量单位可省略。

比如，第3条—第8条，可以写成第3—8条；5% ~ 8%，不能写成5 ~ 8%。

（三）概数使用不用顿号

两个数字连用表示概数时，两数之间不用顿号。比如，二三米、三五天。

（四）年份的书写注意事项

年份简写后的数字容易混淆为概数或数值，一般不简写。比如，“1978年”，不写成“78 年”；“一九七八年”不写为“七八年”。

另外，注意阿拉伯数字“0”有“零”和“〇”两种汉字书写形式，用作编号时，书写形式为“〇”；用作计量时，“0”的汉字书写形式为“零”。“2012年”应写作“二〇一二年”。

（五）阿拉伯数字与汉字数字同时使用

如果一个数值很大，数值中的“万”“亿”单位可以采用汉字数字，其余部分采用阿拉伯数字。

比如，可以写“甲公司从银行借款 1 亿零 817 元”，但不能写“1 百零 8”。

特别需要注意的是，如果用“万”“亿”等单位，前面的数值要相应换算，实践中有合同价款是 63 万元，结果当事人签订时忽视了单位，写成 630,000万元，一个数字不小心，放大了一万倍。

（六）文章中的结构层次序数

结构层次要段落分明，前后一致。要求第一层为“一、”，第二层为“(一)”，第三层为“1.”，第四层为“(1)”，第五层为“①”。这些层次还不够的话，可以用 A.B.C. 或 a.b.c. 等。

（七）数值要一致且核对符合

在法律写作中，除了数字形式的统一，更要与事实保持一致。如果前文是 3 个月，后面变成了 2 个月；前文是 2/3，后文是四分之三；说甲出借给乙100 万元，乙还了 20 万元，后面说还有欠款 90 万元；等等。这些就是不止于形式的瑕疵了。

结语

在法律写作中，我们要重视数字的使用，遵守数字的使用规范，注意数字使用的科学性、准确性和严谨性，追求形式上的得体和统一，同时要对数字保持敏感，充满警惕，每当有数字出现的时候，都要与事实进行核对、检查，这样方使法律写作清晰、严谨而美观。

脚注的 N 个新角色

> 我们对于一些司空见惯的东西，常常想当然地认为其卑之无甚高论。但是如果多给一些注意力，会发现原来小细节也有想象不到的能量。

众所周知，说到脚注，即指附在文章页面最底端的，对某些内容加以说明，印在书页下端的注文。

脚注的传统用法一般是注释文章作者的单位，注释正文援引内容的出处，以及给编者或译者做一定的提示，等等。似乎没什么复杂和高级的。对于法律写作来讲，实则不然。脚注如果运用得当，对于知识积累、知识管理能事半功倍，对于出版成书的实用性、可读性、美观性都会大有增色。本文将从几个方面以法律图书为例，谈一谈脚注的几类较不寻常的用处。

一、对抗时间的流逝——说明时间与事件或内容的关系

法律是随着时间的推进而发展变化的。由于图书本身的特点，一本书在诞生的周期中，有可能一些内容就发生了变化。

比如，文中涉及案例在写作的时候是一审结束，未上诉。于是，判决发生了法律效力。但是，在出版付印前，当事人提起了再审，而再审还没有结果，那么可以用脚注说明再审理由、受案情况以及还没有结果等。那么读者在不

同的时间点读到这条脚注时，如有必要，就会更多了解一下该案目前的状态。这种脚注产生一种“敬请关注”的线索作用。

再如，一本书已经出版，经过一段时间后要进行修订重版。由于时过境迁，很多内容有了变化——如法律法规被修订、学术通说有发展等。根据新的变化整体进行更新也未尝不可，但是，如果文章当时有自身的逻辑结构和情境，也可以采用脚注的形式，将新的发展变化予以体现，这样不用改动正文，既保持了一个痕迹，也理顺了逻辑。

同时，对于读者而言，从形式上来讲，阅读重点更容易被发现。因为脚注位于页面底端，这样的布局，很容易发现改动之处，而不必于漫长的篇幅中像“大家来找茬”游戏一样来寻找改动之处。从实质上来讲，看到不同时间的痕迹，对于制度和实践的因循变化也更加能够了然于心。

二、创新体例，实现好用的工具书

法律的实践，就是解释、适用法律的过程。“解释”可谓是一本好的法律工具书的内核。如果做好了法律的解释，法律的适用将会更加准确和有效率。在这个过程中，脚注可以派上大用场。

（一）建立关联

利用脚注对法条建立关联，一是将援引性的规定以脚注的形式补充出来；二是对法条中具体化、细致化的规定以脚注形式罗列。这两点做到了，会极大地提高法律检索和查询的效率。如下例中，脚注①是第一种；脚注②是第二种。需注意的是，举例的法条已失效，仅作脚注使用形式参考。

《最高人民法院关于适用〈中华人民共和国婚姻法〉若干问题的解释（三）》

第七条　婚后由一方父母出资为子女购买的不动产，产权登记在出资人子女名下的，可按照婚姻法第十八条第（三）项[①]的规定，视为只对自己子女一方的赠与，该不动产应认定为夫妻一方的个人财产。

由双方父母出资购买的不动产，产权登记在一方子女名下的，该不动产可认定为双方按照各自父母的出资份额按份共有，但当事人另有约定的除外。[②]

（二）权威注释：引用权威观点释法

以上的"建立关联"实为一种"以法释法"，并非所有的法条都有具体细致的配套规定，如果没有，权威机关或者权威学者的观点也可以作为脚注。

（三）效力甄别：对规范性法律文件中的冲突之处予以辨析

法律文件浩如烟海，加之不同主体不同时间制定、修订，因此冲突矛盾之处在所难免。而根据法的效力级别原则以脚注形式对一些冲突进行辨析、甄别，既便于适用，也一目了然。

例如，《刑法全厚细》这本书，作为刑法实务界口碑相传的一本工具书，

---

① 《中华人民共和国婚姻法》第十八条第（三）项　有下列情形之一的，为夫妻一方的财产：

……

（三）遗嘱或赠与合同中确定只归夫或妻一方的财产；

……

② 《浙江省高级人民法院民一庭关于审理婚姻家庭案件若干问题的解答（高法民一〔2016〕2号）》

……

十一、婚后由一方父母部分出资为子女购买不动产，产权登记在出资人子女名下的，能否适用《婚姻法司法解释（三）》第七条的规定，认定为夫妻一方的个人财产？

……

答：《婚姻法司法解释（三）》第七条规定"婚后由一方父母出资为子女购买的不动产，产权登记在出资人子女名下的，可按照婚姻法第十八条第（三）项的规定，视为只对自己子女一方的赠与，该不动产应认定为夫妻一方的个人财产"，其适用的前提条件是一方父母支付全部款项为子女购买不动产。婚后由一方父母部分出资、其余款项由夫妻共同支付，不动产登记在出资人子女名下的，该不动产仍属于夫妻共同财产。但一方父母的出资额及相应的财产增值部分，视为对自己子女的赠与。

除了内容上的“全”，形式上的“厚”，就是注释上的“细”。而“细”的实现与脚注的使用息息相关。

三、形式美观，有利于页面的观感

除了提供一些阅读的便利，捋顺时间的逻辑之外，脚注还有让页面美观的功能。一些很重要但是比较繁杂的信息可以不在正文中显示，而以脚注的形式体现。

比如，正文提到某案例，其信息为 ×× 法院初审，文号 ××；×× 法院二审，文号 ××；最高人民法院再审，文号 ××。这样的信息放在脚注里，会让正文显得通畅和干净。

再如，有些结集的文章中，有的标题有一些限定信息，如《进步就是更加认清自我：×× 年年终总结》，如果贸然将副标题删去，就失去了文章的语境，而如果保留，这样类型的文章一多，会显得目录杂乱且有时效性，于是可以保留主标题，将副标题作为背景以脚注的形式进行说明。这样从页面到文章感觉都会变得美观、利落。

结语

以上仅是从三个方面谈脚注的更多功用，当然脚注的功用不止于此，希望我们能够更好地利用这种貌似不起眼的方式，服务于我们的法律写作和法律应用。

法律写作与智能工具

> 工具让我们更自由。

王小波有篇《打工经历》，讲述留美时，他和伙伴老曹给一家中餐馆做装修小工，老板非常吝啬，为了省钱，不准买工具、租工具，觉得已经出了人工钱，再租工具就是吃了亏。他俩装修的一切工作都靠“人肉”进行，忙乎一个多月，拼了命也干不出活来。美国工匠聚在门前，一面看他俩出洋相，一面等着工程交给他们。

俩人辞活后眼看美国包工头接下工程，把它分给电工、木工、管子工，今天上午是你的，下午是他的，后天是我的。几个电话打出去，就有人来送工具，满满当当一卡车。这些工具俩人都没见过。除了电锯、电刨，居然还有用电瓶的铲车，可以在室内开动，三下五除二，就把留下的破烂从室内推了出去。电工上了电动升降台，在天花板上下电线，底下木工就在装配地板，手法纯熟至极……装好以后电刨子一跑，贼亮，干完了马上走人，运走机械，新的工人和机械马上开进来……转眼之间，饭馆就有个样儿了……

因为这篇文章写得幽默，读的时候觉得特别可笑，然而，最后一句话瞬间令人严肃——“我和老曹看了一会儿，就灰溜溜地走开了。这是因为我们都当过工人，知道怎么工作才有尊严”。

到底怎么工作才有尊严，体现在很多方面。但是，善于利用工具一定是其中必不可少的一方面。法律写作既是脑力工作，也是体力工作。尽可能地利用智能工具更智慧、更便利地写作，不仅是每位法律人提高效率，提升写作质量和效果的必由之路，也会让法律人更有竞争力，更有尊严。

我是个典型的文科生，算不上工具控，但写作中常常使用以下工具，感觉颇为便利。

一、输入工具

写作的工具是从文具到键盘，再到语音输入的过程。键盘时代，Word / WPS 可谓通用性的文字处理工具，个中的小细节和技巧，待以后专篇来写，在此不赘述。

语音输入工具就要说我的心头宝——讯飞语记了。

讯飞语记是一款语音输入工具，我发表的文章，尽管说是“写作”成果，其实大多数是这样形成的：各种碎片的时间里，先利用讯飞语记语音输入，再导入文档，对需要查资料的部分进行查漏补缺，对记忆性的内容进行核对确认，全文从头至尾整理后定稿。

曾经有段时间我更新文章较为频繁，有想坚持写作的朋友跟我取经，问我：“你工作很忙，回家还要带俩娃，怎么做到有精力写作？”我的答案是因为有讯飞语记。

孩子上舞蹈课，我在教室外面等待的时候，就可以拿出手机，打开讯飞语记将头脑中文章的思路迅速地讲出来，形成框架，再一块块地像对话般讲出来，等孩子下课了，一篇文章的雏形形成了，回头导入电脑上，再查资料补充、梳理、修改一下，一篇文章就大功告成了。这款应用识别率超高，一般两三千字的文章中，只有几个词输入错误。所以，这是我逢人就安利的一款应用。

二、可视化作图工具

史蒂芬·平克说:“写作之难,在于把网状的思考,用树状结构,体现在线性展开的语句里。”工具之便利在于将网状的思考用网状的结构表现出来。利用一些工具作图,再结合文字便可以将各种关系一目了然地展示出来。

这在写作大纲、发言思路、产品介绍、培训授课、案例分析、头脑风暴等各种场景下都适用且非常有效。这方面的工具有幕布、Xmind、ProcessOn、PPT 等。

我个人最喜欢用幕布,它集技术工具和思维工具于一体,界面简约,操作简单。而 PPT 则是一座宝藏,可以做演讲课件,还可以作图,潜力无限,但我本身功力还不够,在努力探索中。

三、法律数据库

法律写作离不开专业的智能检索数据库。智能法律检索数据库主要包括法条的检索、案例的检索及法学文献的检索,这类数据库有很多,根据不同的预设标准,每个数据库都有自己的特色。使用时一般以一个为主,以其他为补充,相互验证。

我的习惯是优先使用北大法宝,补充使用无讼。每天随便浏览一下,可以掌握新法动态,新的实务要点。有问题时深入检索,大部分可以获得答案。更新及时、收录全面,用的时间长了,界面和检索方式都熟稔于心,具体检索技术可以再深入研究,单独写一篇法律检索。

四、法天使律师助手

法天使律师助手,是一款针对合同起草和审查的细分领域的智能工具,集数据库、思维工具和技术工具于一体。

它提供了一个庞大而优质的合同模板、知识及工具库，这个工具最可爱的地方在于不仅可以在网页和手机端使用，还可以通过安装插件，直接在通用性文字处理工具 Word/WPS 中使用，写作时不用另起炉灶，真是省心省力。

更为周到的是，内置了北大法宝的法规查询功能和天眼查的基本工商信息查询，使得合同写作和审查中不用来回切换窗口。写合同、审合同，使用这款助手得心应手。

五、统计工具

Excel 是款潜力无限的软件。记得跟一位审很多建设工程纠纷案件的法官交流，我问他裁判这类案件时，最重要的技能是什么，他略作思考，回答是: 算账。当时我对这个答案很惊讶，虽然我是提问的人，但是对答案似乎也有隐隐的期待，比如怎么认定复杂的主体、厘清纷乱的法律关系之类。不过细想他的回答，的确如此，当事人所关注的最重要的结果是，谁赔（支付）了谁多少钱。无论主体的确定、关系的厘清，还是各种标的物的鉴定，都是在为算最后这笔账服务，希望一笔不漏地、精确地，把这个过程做好。数据处理工具是必不可少的。Excel 博大精深，好多隐藏功能我也没完全掌握，我这种级别的常常是用 Excel 再结合百度经验，亦步亦趋地跟着做下来，顺便说百度经验也是非常亲切的工具，无论听起来多小白的问题，都有详细的步骤指导。

六、阅读工具

写作是一种经验、知识、观点的输出，“问渠那得清如许，为有源头活水来”，保持阅读，保持写作的养分和灵感。我最常用的阅读工具是得到。一是得到的搜索功能很强大，其图书内容有类似于知网对期刊内容的检索功能。在了解新知或者明确定义的需求时，我会用关键词在得到搜索，常常可以搜到《大辞海》里的词条，以及一些经典文献的论述。这样获得的结果知识纯度相对较高。二是阅读电子书，得到的电子书也是我的心头宝之一，毛姆说："阅读的习惯等于为自己筑起一个避难所，几乎可以避免生命中所有的灾难。"得到电子书让这个避难所可以随身携带，尤其在足以让人体味人生的北京地铁四号线上。无论多么拥挤，无论谁又和谁争吵、撕扯起来了，还好我有我的电子书。

七、笔记工具

电子阅读时代，做笔记不用摘抄和做卡片了，我用的是有道云笔记。阅读中遇到需要记录的，就粘过来。还有微信的发给自己和收藏功能，我也常常在用。

读纸书时做笔记，我常常拍照，然后用图片识别助手（一个微信公众号）识别成文字后，再放到有道云笔记中。当然，这个工具还可以帮助我们把纸质文件变成电子版。比如，某次某位朋友给我一个文件要修改，没有电子版，我便很快修改完给他了，他很诧异怎么这么快，因为他觉得需要先录入。

八、校对工具

初稿写作完成后，校对是不可或缺的流程，因为法律写作的严谨性、严肃性，不能容忍一个字、一个标点符号使用错误。多次校对肯定费时费力、劳民伤财，应用智能的校对工具是大势所趋。秘塔写作猫是我体验过的不错的一款智能校对工具。它的准确率相对比较高，智能程度也较高。以如下一段文字为例：

章，与过错侵权责任的一般条款，无过错责任原则的规定，一起构成了我国《侵权责任法》规则原则与责任构成要件的完整体系。将《侵权责任法》第三章受害人过错，受害人故意第三人行为的规定，提前到侵权责任编第一章第1173条至1175条，与治安风险等一起构成侵权责任的抗辩事由。

第二，关于侵权责任编第二章的损害赔偿，侵权责任编第二章，以损害赔偿为章名规定了损害赔偿侵权责任方式的具体应用。大部分条文承继了《侵权责任法》第二章中关于侵权责任方式具体使用的条文，前提侵害人身权益造成财产损失的赔偿数额确定，以及精神损害赔偿决定，体现了侵权责任编对人身权益的优先保护。此外，侵权责任编第二章增加规定对侵害具有人生意义的特定物造成严重精神损害有权请求精神损害赔偿的规定，增加了故意侵害知识产权的惩罚性赔偿规定，修正了受害人和行为人对损害发生都没有过错的损

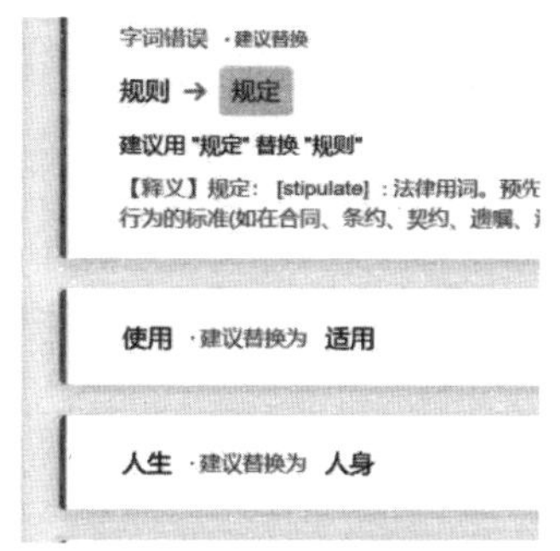

这段话中，写作猫提示了三处错误，改正方案正确的是两处，尽管第一处的改正方案不正确，但是经过提示，我们知道这里有错，可以自行改正，指示仍然很有价值。后两处的指示和改正方案都是对的，而这两个词的错误其实相对有些隐蔽，所以这个工具还是相当智能的。

以上几款智能工具，是我最常用的。工具在不断地迭代和创新，我们写作的时候，也多关注着技术进步和工具更新，让法律写作更加智能，让写作的我们更有尊严。

校对：法律人的基本功

> 能解释为愚蠢的，就不要解释为恶意。

“校对”二字，法律人耳熟能详。无论立法者起草的法律法规草案，司法者写作的判决、裁定，律师写作的文书，还是学生、学者撰写的论文……校对都是不可或缺的一步。

一、对校对的认识误区

校对常被视为非常简单的、基本的工作，一般由助理级别的人来承担，也常被看作一种技术含量不高、主要考验态度的工作。似乎提及“校对”，工作要求不言而喻。

然而，校对工作被认为与态度最相关，是个误区。因为态度往往是一种基于结果的价值评价，当一篇文章被校对出很多问题时，会说校对得认真、仔细、严谨；如果遗错、漏错太多时，又会说校对得不认真、不仔细。但是，“认真”“仔细”“严谨”都是形容词，不是行为，不具有可操作性，充其量只是贴标签而已。贴标签对于快速模糊地认识一个人也许是条捷径，但是对于培养、提高一个人的工作能力弊多利少。

万维钢提到近来有些流行的一句话：“能解释为愚蠢的，就不要解释为恶意”，在此非常适用。当一个人的校对工作做得不好时，与其说他不认真，不如说他知识不够，水平有待提高。因为不认真能怎么办？只能更认真。然而如何更认真，这并不是个可操作的行为，相反知识不够、水平有限，则可以通过学习知识来解决，而学习哪些知识是件有章可循的事情。所以，我首先要强烈地主张，把校对看作需要通过知识而不仅仅是态度来解决问题的工作。

二、校对工作的思维

做任何事情有个广泛适用的、极其简单的思维模型：明确目的—寻找路径—选择合适的路径一步一个脚印地靠近目的。校对当然毫不例外。首先明确校对的目的（任务），再应用科学的流程和方法，从而高质高效地做好校对工作。

尽管校对是一项看似门槛不高的工作，但是校对能力培养和提升均有其专业性。在工作中，始终把握目标，掌握科学的方法，并不断地练习，校对的能力和水平才能不断提升。否则，很容易沦为艾里克森在《刻意练习：如何从新手到大师》中说的那种“天真的练习”，即只是反复地做某件事情，并指望只靠那种反复，就能提高表现水平。

三、校对的任务和要求

通俗地说，校对的任务就是看草稿是否正确，有没有错误，用校对专业用语是“校异同”和“校是非”。“校异同”，顾名思义，是核对草稿与标准文稿是否一致，如引用的法条是否与标准文本一致，使用的格式是否与规范格式相同，诸如此类。“校是非”是指发现并改正常见错别字；发现并改正违反语言文字、语法规范、标点符号、数字、量和单位等的国家规范标准的错误；发现并改正违反逻辑规律的错误；发现并改正事实性、知识性和政治性错误；

做好版面格式规范统一的工作。

校对工作重要的是能够发现错误，要摒弃对草稿作者的崇拜和信任，怀着一颗“不相信”的心，大胆存疑；更重要的是发现错误后要能够审慎对待——凡修改，必有据。如果修改错了，只是用一个错误代替了另一个错误，要是把本来正确的误以为有错而改错，就更加要命了，校改性的错误有时是作为把关人犯的错误，就像医生开错药，往往更加隐蔽和严重。所以，校对的要求抽象来说是八个字：大胆存疑，小心修正。具体来说，如何存疑，如何修正，科学的方法和工作习惯必不可少。

四、校对的方法和过程

在科技日益发展的当下，人工智能的方式可以替代人做一些重复性的、程式化的校对工作，从而提高效率。但是，对于高度要求严谨性的法律稿来说，传统的校对仍然是不可替代的。

（一）校对的基本方法

校对的基本方法，一是读校，读校是指一字一句地阅读，在通读的过程中发现可疑的问题，进行查证、修改及反馈。读校是一般人望文生义的校对。二是折校，折校是将稿件一行一行地折出来并对比标准文稿的校对方式。这种方式适合法律法规等标准文本的核对，以及核对由排版带来的格式错误。三是唱校，唱校是一个人读标准文稿，一个人读草稿进行核对的方式。这种合作的校对方式不但可以保障正确，还有个优势是可通过电话、语音的通信工具的辅助实行远距离的合作。在法律写作实践中，对于要求与标准文稿完全一致的校对工作，用折校较多，有时也会用唱校，应用最为广泛的还是读校。

（二）校对的过程

看似简单的校对工作，为什么有人能像有火眼金睛一样一眼发现错误，而有人就发现不了呢？这是存疑的技术和艺术。

校对一篇草稿，像铺地毯似的通读下来，会有相当多的信息，如果每个字每个标点都平等地分配注意力，一一怀疑每个字、每个词，一一地去查证，精力和时间是不允许的，也是没必要的。那么如何能够对最有可能出问题的地方存疑并进行查证、修改？答案是，校对的过程中应用类型化思维。试想如果不对问题进行分类，那么待发现的问题都是散装的，隐藏在字里行间，校对的过程中就找不到重点，而如果清晰地意识到问题的类型，在校对的过程中，就能够合理地、有意识地分配注意力，进行存疑，并进行检索、验证、修改、反馈。

结合上述校对的任务和法律稿的特点，可以将法律校对中的问题分为以下几类。

1. 整体风格问题

通过大致浏览可以对草稿的大框架结构有个宏观的判断，如整体上是否原创，标题与正文内各级标题是否为有机的逻辑关系，各个部分是否有重复或者有缺失，语言风格是否统一，形式上长短详略是否平衡等。

2. 政治性问题

政治性问题其实是违法性问题，主要可以参考《出版管理条例》第 25 条和第 26 条的规定。这两条列举的项目不但可以作为校对关注问题的清单，比如对“台湾地区”的表述、维护民族团结等问题，也是政治性问题把关的法律依据。

第二十五条　任何出版物不得含有下列内容：

（一）反对宪法确定的基本原则的；

（二）危害国家统一、主权和领土完整的；

（三）泄露国家秘密、危害国家安全或者损害国家荣誉和利益的；

（四）煽动民族仇恨、民族歧视，破坏民族团结，或者侵害民族风俗、习惯的；

（五）宣扬邪教、迷信的；

（六）扰乱社会秩序，破坏社会稳定的；

（七）宣扬淫秽、赌博、暴力或者教唆犯罪的；

（八）侮辱或者诽谤他人，侵害他人合法权益的；

（九）危害社会公德或者民族优秀文化传统的；

（十）有法律、行政法规和国家规定禁止的其他内容的。

第二十六条

以未成年人为对象的出版物不得含有诱发未成年人模仿违反社会公德的行为和违法犯罪的行为的内容，不得含有恐怖、残酷等妨害未成年人身心健康的内容。

3. 事实性问题

事实性问题是指检查核对草稿内容是否违背客观事实，这种问题有时因作者仅凭日常经验或模糊印象造成，有时因时过境迁事物本身发生变化而产生，校对中体现为但凡遇到专有名词和数字，就要保持敏感。如时间、地点、人名、地名、机构名、头衔、数量、号码等。例如，判决书前面写某当事人是“执行董事”，后面就变成了“董事长”；文章提到 ×× 省人民检察院时，用了“高级人民检察院”；重要的要求、务必严谨的数据没有权威来源；随着时间推移，相关头衔未更新；诸如此类的问题。

4. 法律专业问题

法律专业问题主要是法条、案例引用和一般法律知识问题。涉及法条引用的，如法律文件本身是否正确、是否现行有效（历史性介绍除外），法条是否与权威文本一致，与所适用的问题是否吻合；涉及案例引用的，需要核查案号和是否为生效判决等；涉及一般法律知识的，要检查是否存在知识性错误。

5. 逻辑性问题

逻辑性问题既会出现在宏观的框架结构中，也会出现在微观的句子中。

逻辑性核查是对文章论证是否严密和充分的检查。

6. 语言文字规范问题

主要体现为错别字、词语用法、语法和语言规范的核查。

7. 标点问题

标点问题，可参见上文《标点符号：法律写作中的那件小事儿》。

8. 格式问题

格式问题主要表现在注释规范和排版（字体、字号、全角半角、页眉、页脚、页码、错行、首行缩进……）规范上。

9. 图表问题

图表内容与文字是否对应，涉及表格是否会跨页，图片是否有授权，是否清晰，是否适合黑白打印。

结语

以上 9 类问题，可以作为校对过程中的“预装程序”，对于这些类型，心中有数，也就有了重点，如果把校对比作一场排雷行动，知道大致什么样的地方存在地雷的可能性最高，那么在校对过程中就会有重点的存疑、检索，命中率相应地就会提高。

具体操作流程中，可以粗读浏览一遍全文，一字一句通读一遍，再以专项检查的方式重点检查一遍。

这种分类是一般的分类，每个人可以根据自己工作的独特性，将每次校对成果进行汇总，总结规律，形成更有针对性的清单，再以清单来指导重点的把握，这就告别了“天真的练习”，而是刻意练习了。同时，形成的工作经验还可以积累下来，作为知识管理的一个部分，不但让日常的工作更加科学、高效，也可以培训新手。

Part 5

法律写作与出版

法律人，如何写作一本书

> 写一本书难吗？ Yes and no.

在大众的眼里，出书是一件特别遥不可及的事情，它与庸常的生活有着遥远的距离。曾经的我，也是这样认为。然而，接触了很多出过书的作者，自己也出过几本书之后，最初的想法渐渐地发生了变化——出书与平常人相隔的，不是或远或近的距离，而是他们或高或低的写作水平，或精致或粗糙的文字质感。

一、出书，是一座可以攀登的高峰

出书，是一座高峰，而非一条坦途。同时，对于法律人来说，出书，又是一座可以攀登的高峰。

（一）出书不易

出版自由是宪法规定的公民的基本权利，从理论上来讲，如果想出一本书，哪怕是流水账，也是一种权利的表达，出书听起来就是这么日常的事情。当然，实际上并非如此。因为只有出版社才有资质出书，出版社出于社会效益的追求、品牌的追求、成本的核算、自身精力的分配等诸多因素的衡量，并不会照单全收地接受所有稿件。因此，出书便有了相对较高的门槛。

有机会变成书的稿件，至少应该具有以下几个最基本的要素：一是需要一定的篇幅。这是形式的要求，是书的物理形态的要求使然，如果只是几页纸，十几页纸，是不太容易出书的。二是要有相对完善的体系和逻辑。成体系，有逻辑，是对内容的要求，放飞自我、不知所云的稿件，成书的可能性也是不大的。

尽管说出书是一件门槛相对较高的事情，但是对于法律人来说，由于法律内容的特质，使得法律人出书具有独特的优势。

（二）出书不难

之所以说法律人出书具有独特的优势，因为法律写作与文学写作等有颇多不同。前者更注重客观、思辨、有问题意识，多要求严谨、简洁、实用等；后者则更要求文采、审美、构思、结构精巧。甚至可以说，法律写作的水平可以通过训练习得，并可以在练习中获得提升。而文学写作可能与兴趣和天赋有更密切的关系。因此，对于法律人来说，出书，是一座可以攀登的高峰。通往高峰的途径则可以概括出八字箴言：有心、坚持、勤奋、思考。

1. 有心

逛书店时，看见书架上琳琅满目的书，经常感慨这个世界属于有心的人。人家有心的人装修一个房子，就能写本装修指南；人家有心的人生一个娃儿，就能写一本育儿圣经；人家有心的人出去玩一圈，就能写一本旅行游记；人家有心的人哪怕只是臭美，都能写一本美容宝典……当然，法律人，仔细地想一想走过的路，做过的事情，是否足够有心？再环顾同行，那些成为一本书作者的同行，他们写的，是否是你每天经历的日常，或者查询的困惑？

2. 坚持

有段时间，一些网友号召共同参加“千字文”活动，即许多人一起日刷千字——我自己出于好玩参加了这个活动，后来竟然收获了一本书。这种类似行为艺术的做法，带来蛮多启示，尤其对于法律人，坚持写作是一种总结提升，是一个良好的习惯，是一种对思维的锻炼。

村上春树对毛姆的“任何一把剃刀都自有其哲学”解释说，无论何等微不足道的举动，只要日日坚持，总会从中产生出某些类似观念的东西来。请相信，写作终将成就法律人。

3. 勤奋

出书的法律人还是法律人，不是作家。出书的法律人，几乎都还有自己作者之外的正式角色，也许是律师、法官、法务、检察官，也许是教授、学者。大家都不是专职的作者，只能在业余挤出时间来写作。对于他们而言，写作是专职之外的工作，这意味着要更加勤奋，更加刻苦。

有一次读到一本书的后记，作者是一位律师，他写的一段话，一不小心就感动到我了。他这样写：“繁忙的工作之余进行本书的写作，有些时候是正襟危坐在办公室修改写稿，有时候是出差途中在摇摇晃晃的高铁上，有时候是在狭小的飞机经济舱座位上进行修改写作。因此本书是在工作间隙的时间断断续续完成的……”功不唐捐，所有的勤奋必有回报。

4. 思考

在写作中思考，也在写作中提高。对现有文献提出质疑，对面临的问题举一反三，从一个点拓展到一条线，一个面。思考是反思，是展望，也是创新。写作促进思考，思考让写作更有价值。

法律写作的客观素材比较多，如何在众多客观素材中间糅进自身的思考，便是赋予貌似套路般的法律内容以独特的个性和思想。

总的来说，出书的人是这个世界上稀有的少数派。在法律圈里，作者的密度可能会大于平均密度。但是毫无疑问，作者，尤其是优秀的作者，依然是少数派，这样的少数派一定有着共同的个性，“有心”“用心”“走心”。扪心自问“你是这样的人么”，便可以回答，你是否是一位优秀的攀登“出书”这座高峰的选手。

二、如何确定写作方向

磨刀不误砍柴工，在开始打算写一本书的时候，需要先想象一下自己写出来的是一本什么样的书。这就像建一座楼，先描绘一个蓝图。

（一）读者群体的定位

根据读者群体定位不同，有工具书、学术书、实务书、普法书、教材、考试书、人文类图书等类别。工具书针对范围比较广，就像基础设施；学术书主要针对科研人员；实务书针对专业人士内部应用交流；普法书针对非法律专业人士；教材针对教学或培训人士与学生；考试书针对应试考生；人文类图书针对无功利的阅读者。

这样清晰地看待读者分类使得作者在写作之初就非常明确写给谁，结合受众的特点有针对性地进行写作。

（二）拟采用怎样的表现形式

法律写作的表现方法从大的方面来说，有虚构和纪实两大类。虚构类，比如法庭小说、律政剧剧本等。目前法律虚构类写作在我国不是很发达，但是应该说是法律人的一个很有潜力的写作领域。由于法律专业知识的门槛所限，一般的作家很难跨越专业的壁垒，而法律人有专业优势，有经验优势。非虚构类，表现的方式也非常多，比如传记、随笔、书信、日记、图解、漫画、问答、对话、实录等均是虚构类写作可以采取的表现方式。

（三）采用怎样的写作视角

法律写作从不同视角来看，有宏观、微观、中观三个层次。宏观层次一般是理论阐述、制度构建等宏大叙事；微观层次是就问题说问题，就案例讲案例，针对具体的实践和个案提供解决方案，或进行评析。

而这两者中间，既不局限于个案也不是抽象的理论和制度设计，就属于中观层次了。比如，一些规律的提炼，方法论、思维的总结，就都是中观层次的写作了。中观层次的写作非常有意义，因为既接地气，解决问题，又脱离了个别具体问题的局限。这种写作对于沟通学术界与实务界很有意义。只是目前这样的作品不是特别多。

（四）取材重点是什么

根据法律专业的特点，对于法律写作来说，取材大致不外乎法条、案例、文件、文书、表格、方法、原理、理论等。这些材料单独或者组合使用就能构成不同的写作选题。

以法条为材料，可以进行工具书的汇编，对法条进行解释，将法条进行关联；以案例为材料也特别普遍，案例分不同的层级，最高院的指导性案例、公报案例，地方法院的案例，以及作者自身经办的案例等；以文件、文书为材料，法律实践工作留下的痕迹，比如底稿、范本的制作说明、模板应用等。

当以上问题回答清楚之后，可以查询一下，自己拟定位写作的内容，是否已有相关或类似的图书，最大限度地找来看一看，可以有选择地精读和略读，即使没有都买来、从图书馆借来，至少要在当当、京东、豆瓣等网站研究一下作者简介，作者目录框架，感受一下书摘风格，认真分析一下现有内容的长处和短处，并形成初步结论，进而找准自己写作的切入点，确定写作的方向和特色。

三、如何制订写作计划

确定了写作方向之后，写作进一步推进，到了“动真格的”阶段。为了保持效率，以及最初定位和特色，可以先建立起层层框架，然后在框架内添砖加瓦。还是用盖房打比方，可以先支起四梁八柱，分好各个房间，然后盖起毛坯房，再进一步装修和装饰。具体来讲，先拉出“目录和大纲”，大纲至少拉出两级目录。

当上述步骤做好，就会发现一本书的大工程被分成了许多篇文章，按照写作实力和总时间精确地做出计划，何时开始，利用多长时间完成哪些文章。

四、具体文章如何写作

（一）一些常见的问题

法律写作，参考别人作品和抄袭之间的界线在哪里？尤其是普法类和实务类的写作，对一个法律问题的解答似乎并没有太多的花样，实践中，确实有不少写作是将别人的文章消化后再用自己的语言写一遍，这个问题有以下两个层次。

第一是知识产权问题，解决写作中关于知识产权的困惑，需要好好理解《著作权法》的相关规定，弄明白哪些是受著作权保护，哪些是合理使用，当这个判断形成后，写作就清晰了。大家都是法律专业人士，这个基本判断也不难，当然有没有抄袭更多是作者自己的“道德自觉”。在某个写论文的社区，我偶然发现最热门的文章竟然是怎么过查重的：通过把引文放在百度翻译先翻成各种语言再翻回中文等奇葩手段。有没有抄袭，写作者自己最清楚了。除了拒绝抄袭之外，遵守基本的引注规范，也是对知识产权问题的技术性处理。

第二是如何创新问题，很多选题的写作，确实是同样的配方，差不多的味道，这样的内容生产就是一种大路货的生产方式，对于作者个人练笔有意义，对于读者来讲，属于现有内容海洋中有它不多没它不少的一把盐。但是，这并非说没的可写，反而是更需要创新，我们在分析不同主题的图书时也会发现，总有新的切入点、新角度和新形式。创新，永无止境。

另外关于法律写作，还有个常见问题是，如何写得出彩。答案一是思维能力，二是表达能力，思维能力看是否能洞察到更深刻、更本质，表达能力看是否能够以自己的语言风格表现出来，这两点都需要大量阅读和实践滋养。写作是输出，有输入才有输出，输入有阅读（间接经验），也有实践（直接经验）。如果觉得输出青黄不接，那就是应该多输入。

（二）写作的方法和规范

具体文章写作方法，可参考前文的《法律写作的 13 种思维模型》《法律写作的万能钥匙》。写作的规范要求可以参考《法律写作不可不知的规范依据和标准》《标点符号：法律写作中的那件小事儿》《法律写作中的数字用法》。写完初稿如何完善和校对可以参考《校对：法律人的基本功》。

如此，一本书的初稿就完成了，你自己很满意，认为应该发表，那接下来可能需要联系出版社。这似乎没啥可说的，如果实在联系不到，那就找这本书版权页上的责编最简单。

律师写作与出书指南

> 没有超越自己水平的出版是没有必要的。

对于法律从业者来讲，总是与文字打交道，可以将出一本书当成一个职业理想（或人生目标），但是，就现实情况来讲，律师职业是最有积极性和行动力的，这可能跟变现的可能性相关，在此暂不多讨论。本文仅针对律师谈一些出版的常识。

一、出书对律师意味着什么

出版一本书，对于律师来讲，是总结，是提升，是思考，是分享；也是个人影响力、专业品牌的塑造。所以，写一本书，对于律师来讲，投入的是时间和精力；获得的，除了著作本身，还有可能是更加卓越的自己。

律师是一种常被人们拿来跟医生相提并论的专业密集型职业，所谓专业密集型，即很大部分要倚仗专业程度。律师平时办的案件，经手的业务，写作的文书、函件，如果有意识地进行整理、梳理，这个过程既是对自己经历的总结，是对自己能力的总结，也是所谓的“知识管理”。零散的经历、知识、经验、心得，在总结之前是碎片化的、凌乱的，经过总结后，自然地能够形成系统化的体系，这个过程是律师业务精进、行业交流、自我塑造、形象宣传、形成个性的自我品牌的一个重要步骤。

二、写作的要求

总结是律师写作的起点，在与律师朋友交流中，每次我都要提及且不厌其烦地进行强调的一个八字的写作期待，便是“体现水平，超越水平”。

体现水平，是希望律师在写作中能将自己的办案经历、过程、经验、思考进行总结，体现出自己应有的水平；而超越水平，是更高的要求和期待，这里有“研究”和“思考”的要求，在写作过程中，总会发现一些平时模棱两可的问题，一些似是而非的疑惑，甚至一些问题的回答是另一些问题的开始，如果不是一定要变成白纸黑字的书，很多时候作者并没有强大的动力、足够的好奇和旺盛的精力把这些问题一一弄得水落石出，而正是要成书这样的机会，不可以再模糊，不可以再混沌，于是，或查阅各种资料，或请教各路高人，检索、交流、探讨、切磋，最后将这样一个个似懂非懂的犹如雾里看花的问题搞到清清楚楚明明白白真真切切。

在这个过程中，写作既展示知识和思维，也增进知识和培养思维，这种切实的提升是一种无形的收获。这种收获，胜于稿酬。话说稿酬作为一种物质回报，对律师作者来讲并不是那么客观，因为对于专业性出版来说，读者群特定而狭窄这一特点决定了一本书一般不会有很夸张的销量（对于专业书一般如此，当然法律写作也可能创造大 IP，如法庭故事、悬疑故事等）。如果能够支付稿酬，基本上可谓属于荣誉性的，毕竟在专业出版这个小众的圈子中，作者自掏腰包补贴图书成本的，大有人在。至于获得稿酬的数额，就数字上不能与律师办案所得相提并论，当然，收获的心情同样也是不能相提并论的。

三、写作的心态

“体现水平，超越水平”是抽象的期待，具体写作中，有的律师会讲，写作的度不好把握，写得浅了，太水，没有干货；写得深了，把自己的看家本领都亮出来，给别人学会了，不是自摔饭碗么？

关于这个问题，其实可以有更大的格局，我从身边真实的真诚分享的律师身上总结出一个规律：与其握紧手想抓住，不如张开手，无私地分享，分享反而会获得更多，大家都无私地分享自己的经验、心得，这个行业的水平就会越来越高，每个个体在一个不断提升水平的行业中，就会不断有进步和发展。凡是有这样心态的律师，出版一本书之后，不但没有失去竞争的优势，反而会获得更多肯定性的评价。一位律师朋友告诉我说，有个猎头机构在向大型企业推荐法务人选的时候，评价指标中有图书出版物，并且会看图书的影响力，他的专著成了加分项。同时，律师通过出书，也可以成为一种市场拓展策略，毕竟能够出一本书的是这个社会的少数人，才华、耐心和认真缺一不可。

通过出书律师可以赢得当事人，更赢得同行的敬意，甚至可以扩张业务至进行培训，将同行也变成客户。

四、注意事项

工作中，在与许多律师交流时，我已经感觉到，有很多律师都意识到了出版一本书对律师的意义，尤其是营销的意义。本文开头时，我特意措辞用了“个人影响力、专业品牌的塑造”这个词，没有使用营销，且位置上放到了总结、提升、思考、分享之后，之所以这样，是因为如果前面几个环节都做好了，品牌的塑造便是水到渠成的效果，获得了影响力，营销的效果自然不必担心。反之，若营销当头，写作容易急功近利，浮皮潦草地敷衍，则可能会“露多大脸，现多大眼”。群众的眼睛都是雪亮的，读者也是有分辨能力的，谁在用心写作，谁在借出书忽悠，读者眼中的这本书与法官眼中的证据有异曲同工之妙呢。

五、出版流程的常识

出版社的稿件一般有投稿和约稿两种。就约稿来说，编辑根据一定的线索（听别人推荐、自己了解、其他媒体介绍、各种会议相识等）与作者取得联系，双方沟通之后形成确定的写作思路，并沟通好初步的出版条件（约稿情况下一般因编辑对选题市场有一定乐观预判，会支付稿酬），然后，由作者根据既定思路，提供一个写作大纲和样稿。编辑将该大纲样稿和出版条件整理，形成选题，上报社内的选题会进行讨论，讨论通过后，领导审批，则双方签订合同，之后按照合同约定时间交稿。其余的主要是出版社的出版事宜了，排版，审稿，确定开本、用纸、封面设计、封面工艺，印刷等，涉及相关问题的再及时和作者保持沟通。

对于投稿来说，可以说比约稿简单，但是不尽然。说简单，是因为，投来的稿件已经成稿，不用编辑提出写作要求，参与结构设计、文风设定，催交稿件等。但是存在的问题也常常是上述这些优势造成的，因为作者基本是写作者的思维，表达者的心态，非常原生态，有时写作不够规范，也没有读者意识和市场意识。既已成稿，还可能会大改，那就不简单了。

因此，当有出版一本书的想法，在写作之初就了解一下出版的相关要求和情况，选定日标出版社，与编辑进行沟通，保持一种密切的联系，可能要比成稿之后，再向出版社投稿少走一些弯路，少浪费一些精力，从而效果好很多。

从宏观上看，一本书的流程大致就是如此，从微观上看，具体到版式设计、审稿加工、用纸选择、开本确定、封面设计、印刷方式、附加工艺、装订包装等每个环节都将充满耐心和用心的考验，都需要许许多多的人来协作、配合。

当然这些是出版的专业领域了。

后　记

2008年，我从中国人民大学法学院毕业，歪打正着地从事了一种较为冷门的法律职业——法律编辑，工作内容是出版法律图书。从那时开始，时时接触、处理各种各样的法律书稿。第一年工作时，最大的感受是惊讶和开眼界，在法学院时，我理解的法律写作主要是写论文、写专著、写文书、写热点时评。到了出版社才发现，原来对法规汇编的编辑、加工、注释是法律写作；立法者的条文起草是法律写作（我们常常会听到“这个法条一审稿时这样写的，二审稿时这样写的……”）；律师、法官、检察官写法律文书是法律写作；总结经验的应用类问答、案例评析是法律写作；学者编写教材，撰写论文、专著是法律写作；法学院一次次期中期末考试、法考出题解题，法律招聘试题是法律写作；以漫画、图表解读法律内容也是法律写作……

一、钻研法律写作的机缘

起初我写了一些关于法律写作的文章，被一些大的微信公众号、网站广泛转载，有次和好朋友冯雨春姐姐闲聊时说，当确定一个选题要约稿时，我一般将选题关键词搜索一下，排名靠前内容的作者就是我的约稿对象，然后又聊到，以“法律写作”为关键词搜出来的文章竟然大部分是我写的！她说，那你可以写一本体系化的关于法律写作的专著。当我的约稿逻辑放到自己身上时，我第一反应是对自己驾驭这么大的话题并没有自信——法律写作不能脱离写作内容而独立，我既非有代表作的知名学者，亦非法律实务权威人士，何德何能置喙如此重要的话题？（写《小说的艺术》的米兰·昆德拉本身是小说家，写《写作这回事》的斯蒂芬·金是著名作家，法律圈里目前写法律写作的主要也是名家）

当然，能呈现在您面前这本书，证明我说服了自己：一是我不仅有角色劣势，也有角色优势，在十多年的图书编辑生涯中，我见识了丰富多彩、各种各样的稿件，也曾与各种法律职业人士就法律写作话题进行过交流切磋。尽管我不是任何一个其他法律职业的专家，感恩编辑职业的馈赠，我对各种法律职业和各种类型的法律写作都有一些了解。二是法律写作是一种特殊的写作，理想的法律写作对严谨性要求极高，这点与出版中审稿要求很一致。比如，哪怕已经通过答辩的博士论文，或者获奖的裁判文书，再以出版要求来审视，还是有不少待改进之处，那么以出版水平来要求法律写作，本身就是接近理想写作的途径。三是关于法律写作体系性建构工作尚属空白，法律具体问题的写作方面各有专家，但就写作本身宏观的、体系性的工作确实还没有人做，我结合工作经验的努力探索就当抛砖引玉。四是做过太多书，见过太多作者，对于写书这件事情本身不会觉得高深莫测。一般人对出书的崇拜和畏惧，作为编辑来讲会转化为“明确研究目标，按照正确的方法论踏实推进”的具体任务。

二、针对法律写作的现实问题，寻找解决的方法

王国维在《人间词话》中说：“古今之成大事业、大学问者，必经过三种之境界：‘昨夜西风凋碧树，独上高楼，望尽天涯路’。此第一境也。‘衣带渐宽终不悔，为伊消得人憔悴’。此第二境也。‘众里寻他千百度，蓦然回首，那人却在灯火阑珊处’。此第三境也。”

关于法律写作我也效仿归纳了五重境。

第一境：白茫茫大地真干净。

这是“空对空”的类型。因为尚无积累，无输入，脑中空空，腹中空空，笔下也空空。没有知识，没有观点，没有见解，也没有思想，所以不知道什么可写，也写不出什么。

第二境：执手相看泪眼，竟无语凝噎。

这一重境，有句俗语说得很形象，“茶壶里煮饺子”。想要表达的很多很多，但是倒不出来。腹中千言，下笔一行。不知道如何整理思绪、谋篇布局，不知道如何阐述、铺陈。

第三境：忽如一夜春风来，千树万树梨花开。

这重境如天女散花。作者有了丰富的积累，也有了大量的输入，有很强的表达欲，表现为特别能写，飘飘洒洒，纷纷扬扬，20 万字、30 万字，不管几十万字，根本都是小菜一碟。作者自己写得特别“嗨”，读者看着特别乱，作者对于结构和体系毫无意识。我有时开玩笑说这种写法叫作“迅雷不及掩耳盗铃儿响叮当式”。

第四境：我本将心向明月，奈何明月照沟渠。

这重境的作者自以为在进行高雅的、规范的写作，其实思维和语言受到了无形的禁锢，每个字都是中国字，但是放在一起，读者却感到深深的“套路”，而不见内容。写作是为了交流思想，显然这种写作对读者传达思想的功能大打折扣。

第五境：素月分辉，明河共影，表里俱澄澈。

这是完美境界。作者有丰富的积累，大量的输入，加上熟谙逻辑和对体系的驾驭，掌握纯熟的修辞手法。有观点，有论证，有层次，有体系。作者懂，读者懂，读者也能感到作者懂。

这五重境，是法律写作的几个阶段，尤其前四重，不同层次地反映了写作的困难和问题，所以研究法律人思维与写作的目标和任务，便是面对和解决这些具体的问题，凡是墙，皆是门。通过对困难和问题的剖析，探索发现思维和写作的规律，以提供写作提升和精进的方法。

三、构建法律写作体系，发现法律写作规律

法律图书编辑的工作连接着法律圈里几乎所有的职业角色：法学学者、法科学生、律师、法官、检察官、法务、立法工作者、法律媒体工作者、法律科技工作者等，从个体的写作中我们看出个体解决问题的能力，也从出版的图书中感受到行业、职业专业化的程度。此外，我个人有三年总编室综合管理岗位工作的经历，无心插柳的是，法律专业和管理工作的结合，让我深刻地领悟到法律是智者的学问，法律人思维是解决棘手、复杂问题的思维，而“法律写作”是智者的答案。法律写作是表层，解决问题的能力是本质，思想和思维是灵魂。

于是，我的小目标是，从三个维度立体地认识法律写作。法律写作是法律人解决问题的成果呈现，本书拟从深度上，挖掘影响法律写作的底层思维，重新定义“法律人思维”，将法律人思维从专业性思维和职业性思维两个维度上剖析，并尽可能列举笼罩力较强的、常用的、有效的思维工具；横向上，类型化地建构一个全面的法律写作体系（以“法律写作的 13 种思维模型”为核心）；纵向上，从写作过程，即选题、思维、语言、文字、表达形式等方面，发现方法和规律（以“法律写作的万能钥匙”为核心），从而让法律写作者对法律写作有意识地、自觉地进行练习，保持稳定且不断上升的水平，从而以此微小的切入点，让更多法律人重视写作，擅长写作。从小处说，提高展示个人解决问题的能力，提升职场的胜任能力和竞争力；往大处讲，是希望每个个体专业水平不断提升，以促进行业乃至社会的发展和进步。

四、知行合一：写作的问题在写作中解决

关于写作的知识和方法总结得再好，如果脱离了实战，就只是“纸上谈

兵”。了解法律写作的方法，多与同行交流会提高写作能力，但并不是最重要的提升之道。法律写作的问题要在写作中解决，法律写作能力的提高也要在写作中提高。了解写作方法在于帮助写作者认识到写作中存在的问题和应该遵守的原则、规律和规范，然后，更重要的是知行合一，坚持刻意练习。写作有方法，但是没有捷径。

本书重视底层逻辑和技术细节，目标是以至简的理论指导写作，并尽可能以清晰、可操作性的技术填满思维的罅隙。举例说，就理念方面，对于经典图书中提到的“金字塔原理”“结构化写作”“黄金圈”“MECE”等各种思维方法，本书进一步进行了更底层的解码和更通俗易懂的表达，即法律写作的“万能钥匙”——提问法，应用提问法，写作可以从零到一，从一到二，从二到三，到枝繁叶茂，就像《道德经》中的“道生一,一生二,二生三,三生万物”。而对于写作技术，力求颗粒度更细，如大家都在讲法律写作中不要写错别字，本书会讲为了避免写错别字我们具体应该做什么，哪些字词容易错，怎样不写错别字；大家都说法律写作要注重每一个标点符号，本书会讲哪些标点符号非常容易错，应该在什么情况下如何规范使用标点符号……

读《学会提问》一书时，作者说：“谁会觉得本书特别有用呢？鉴于我们的教学经验里涵盖了各种不同水平和层次的学生，我们很难想象出这本书对哪一门专业或课程派不上用场”。读到这句时，我曾暗戳戳地想，某天我写的关于法律人思维和写作的书出版时，希望自己也可以霸气地说：“我很难想象出这本书对哪个法律职业派不上用场”，为了这句话，我努力再努力，然而毕竟水平有限，尽管做了不少超越个人水平的努力，但一定还有诸多不足，敬请读者朋友们不吝批评指正！我的个人微信号是 shingkitty，随时恭候。

赵宏

2022 年 6 月

参考文献

夏丏尊、叶圣陶:《文心》，开明出版社 2017 年版。

东东枪:《文案的基本修养》，中信出版集团 2019 年版。

王利明:《法学方法论》，中国人民大学出版社 2011 年版。

［古希腊］亚里士多德:《修辞术·亚历山大修辞学·论诗》，颜一、崔延强译，中国人民大学出版社 2003 年版。

［英］马戈特·科斯坦佐:《法律文书写作之道》，王明昕、刘波译，法律出版社 2006 年版。

［美］尼尔·布朗、斯图尔特·基利:《学会提问》(原书第 12 版)，许蔚翰、吴礼敬译，机械工业出版社 2021 年版。

［美］史蒂芬·柯维:《高效能人士的 7 个习惯》，葛雪蕾译，中国青年出版社 2013 年版。

［美］卡罗尔·德韦克:《终身成长》，楚伟楠译，江西人民出版社 2017 年版。

［美］布鲁克·诺埃尔·摩尔、理查德·帕克:《批判性思维：带你走出思维的误区》，朱素梅译，机械工业出版社 2021 年版。

［美］斯科特·佩奇:《模型思维》，贾拥民译，浙江人民出版社 2019 年版。

［美］安德斯·艾利克森、罗伯特·普尔:《刻意练习：如何从新手到大师》，王正林译，机械工业出版社 2016 年版。

［美］韦恩·C. 布斯、格雷戈里·G. 卡洛姆、约瑟夫·M. 威廉姆斯:《研

究是一门艺术》，陈美霞、徐毕卿、许甘霖译，新华出版社 2009 年版。

［美］史蒂芬・平克：《风格感觉：21 世纪写作指南》，王烁、王佩译，机械工业出版社 2018 年版。

［美］乔利・詹森：《高效写作：突破你的心理障碍》，姜昊骞译，上海社会科学院出版社 2020 年版。

［美］芭芭拉・明托：《金字塔原理：思考、表达和解决问题的逻辑》，汪洱、高愉译，南海出版公司 2019 年版。

［美］马特・马登：《一个故事的 99 种讲法》，黄远帆译，湖南美术出版社 2021 年版。

中国社会科学院语言研究所词典编辑室编：《现代汉语词典（第 7 版）》，商务印书馆 2016 年版。

《中华人民共和国国家标准 GB/T 15834—2011 标点符号用法》。

《中华人民共和国国家标准 GB/T 15835—2011 出版物上数字用法》。

图书在版编目(CIP)数据

法律人思维与写作 / 赵宏著. — 北京 : 中国法制出版社, 2022.6

ISBN 978-7-5216-2707-7

Ⅰ. ①法… Ⅱ. ①赵… Ⅲ. ①法律文书—写作—中国 Ⅳ. ①D926.13

中国版本图书馆CIP数据核字（2022）第088538号

责任编辑：冯运（654093944@qq.com） 封面设计：周黎明

法律人思维与写作

FALÜREN SIWEI YU XIEZUO

著者 / 赵宏

经销 / 新华书店

印刷 / 三河市紫恒印装有限公司

开本 / 710毫米 × 1000毫米 16开 印张 / 14.75 字数 / 202千

版次 / 2022年6月第1版 2022年6月第1次印刷

中国法制出版社出版

书号ISBN 978-7-5216-2707-7 定价：59.00元

北京市西城区西便门西里甲16号西便门办公区

邮政编码：100053 传真：010-63141600

网址：http://www.zgfzs.com **编辑部电话：010-63141832**

市场营销部电话：010-63141612 **印务部电话：010-63141606**

（如有印装质量问题，请与本社印务部联系。）